L. Krummel

Das Lutherdenkmal zu Worms vor dem Forum des Katholicismus

Eine protestantische Schutzschrift wider die katholischen Angriffe auf das Lutherdenkmal

L. Krummel

Das Lutherdenkmal zu Worms vor dem Forum des Katholicismus
Eine protestantische Schutzschrift wider die katholischen Angriffe auf das Lutherdenkmal

ISBN/EAN: 9783742896186

Hergestellt in Europa, USA, Kanada, Australien, Japan

Cover: Foto ©Lupo / pixelio.de

Manufactured and distributed by brebook publishing software (www.brebook.com)

L. Krummel

Das Lutherdenkmal zu Worms vor dem Forum des Katholicismus

Das

Lutherdenkmal zu Worms

vor dem Forum des Katholicismus.

Eine protestantische Schutzschrift

wider die

katholischen Angriffe auf das Lutherdenkmal und insbesondere die Statue Savonarola's

von

L. Krummel,
evang. protest. Pfarrer in Kirnbach, Baden.

Heidelberg.
Akademische Buchhandlung von Ernst Mohr.
1869.

Druck von G. Mohr in Heidelberg.

Vorwort.

Die nachfolgenden Aufsätze sind zuerst in der Allg. Kirchenzeitung, Darmstadt 19—26. Februar d. J. Nr. 14—16 und 2—9. April Nr. 26—28 erschienen. Dem an mich mehrseitig, vor Allem auch von Worms aus ergangenen Wunsche, demselben durch einen besonderen Abdruck eine Verbreitung in weiteren Kreisen zu geben, entspreche ich anduch mit dem Wunsche, daß dieselben zur Beförderung ächt protestantischen Sinnes und Lebens beitragen mögen.

Der Verfasser.

I.

Das Luther-Monument vor dem Forum des Katholicismus.

Das Luthermonument zu Worms im Lichte der Wahrheit. Gedanken und Thatsachen zur Beantwortung der Frage: Kirche oder Protestantismus? Dem deutschen Volke gewidmet von einem deutschen Theologen, Rom. 9, 3. Mainz, bei Fr. Kirchheim. 1868. 267 S.

Es war vorauszusehen, daß das Luthermonument und die Lutherfeier am 24.—26. Juni 1868 in der katholischen Kirche eine Mißstimmung hervorrufen werde. Zu groß und folgenschwer war die That, welche der Protestantismus im verflossenen Jahre zu Worms gethan hat, insbesondere weil ihr das Jahr 1866 voraufgegangen, als daß sie im gegnerischen Lager nicht mit Neid und Mißgunst hätte aufgenommen werden müssen. Zwar ist von protestantischer Seite alles Aggressive und Provocirende dabei vermieden worden, wie auch von gegnerischer Seite vielfach und von höchst gewichtiger Seite anerkannt wurde. Das Denkmal und seine feierliche Einweihung bieten in dieser Hinsicht ein würdiges Seitenstück dar zu der That des 17. und 18. April 1521, welche dadurch vorzüglich verherrlicht werden sollte: so wenig Luther und die ihm anhängenden Fürsten und Herren auf jenem ewig denkwürdigen Reichstage gegen Kaiser und Papst aggressiv auftreten wollten — sie wollten nur vor Kaiser und Reich ein Zeugniß für die Nothwendigkeit einer Reform der Kirche ablegen — so wenig hat der Protestantismus, als dessen Gesammtthat das Luthermonument anzusehen ist, mit der Errichtung desselben in unseren Tagen irgend Jemandem einen Stein des Anstoßes oder des Aergernisses in den Weg legen wollen. Er hat nicht mehr und nicht weniger gethan, als dem in den Herzen seiner Bekenner bald mehr, bald weniger stark vorhandenen Gefühle der Dankbarkeit für die

Segnungen der Reformation vor den Augen der ganzen Welt einen Ausdruck gegeben. Ist aber doch nicht zu läugnen, daß das Luthermonument an und für sich gewissermaßen als eine Verkörperung der großen seit drei und vier Jahrhunderten wirksamen Opposition gegen das ganze katholische Kirchenwesen angesehen werden kann und muß, so dürfte es nicht in Verwunderung setzen, wenn dieses letztere, den Stachel fühlend, dagegen zu löcken begann, um so mehr, als die Lutherfeier zu Worms selbst einen über alles Erwarten glänzenden Verlauf nahm und auch nicht durch den leisesten Mißton gestört wurde. Wenn alle protestantischen Tagesblätter und mit ihnen die freisinnig katholischen einstimmig von dem Lobe jener, jedem Festtheilnehmer unvergeßlichen Junitage wiederhallten, so konnte es nicht auffallen, wenn die verschiedenen hierarchisch beeinflußten Blätter ihre journalistischen Waffen gegen sie richteten. Es liebt die Welt, das Strahlende zu schwärzen und das Erhabne in den Staub zu ziehen.

Daß ein „deutscher Theologe" aber, der sich als solcher auch, obwohl er seinen Namen nicht nennt,*) durch seine umfassende Geschichtskenntniß zu erkennen gibt, es wagen würde, eben aus diesem Luthermonument eherne Waffen sich zu schmieden und sie zu einem der schärfsten Angriffe zu gebrauchen, die der Protestantismus seit den Tagen eines Eck und Cochläus erfahren hat, ehrlich gestanden! das hätten wir nicht erwartet. Wir hätten eine Schrift, wie die vorliegende, nicht für möglich gehalten, wenn uns der Augenschein nicht eines Andern belehrt hätte. Wir hätten zum mindesten denken sollen, der anonyme Verfasser würde nicht die Stirn gehabt haben, bei einem solchen Angriffe sich als einen „deutschen" Theologen zu bezeichnen, anstatt eines „römischen" oder „katholischen", und von einer Beleuchtung des Lutherdenkmals „im Lichte der Wahrheit" zu reden, statt „im Lichte" oder vor dem Forum des Katholicismus". Denn wer am Protestantismus und an der Reformation, wie der Verfasser thut, so zu sagen auch kein gutes Haar übrig läßt, der hat sich im neunzehnten Jahrhundert selbst des Namens eines „deutschen" Theologen verlustig erklärt, und es kann ihm, von Allem abgesehen, eine Beurtheilung des Protestantismus „im Lichte der Wahrheit" schon deßhalb nicht zuerkannt werden, weil die absolute Verurtheilung einer so großartigen historischen Erscheinung, wie sie im Pro-

---

*) Auf S. 76 verräth er sich vielleicht als einen höheren geistlichen Würdenträger.

testantismus nun einmal seit 300 Jahren vorliegt, gegen die obersten Grundsätze einer unparteiischen Geschichtsforschung und Auffassung verstößt.

Doch das Buch ist geschrieben, und der Fehdehandschuh hingeworfen. Damit der Verfasser nicht sagen kann, man habe protestantischerseits kein Wort der Entgegnung zu sagen gewußt, wollen wir denselben aufgreifen und dem „deutschen Theologen" nachweisen, daß er eine undeutsche Gesinnung hat, daß er die von ihm aufgestellten geschichtlichen Thatsachen verdreht und daß seine Gedanken nicht auf dem Boden der heiligen göttlichen „Wahrheit", sondern vielmehr der Unwahrheit, oder zum mindesten des Irrthums gewachsen sind. Wir wollen dabei zunächst seine Angriffe gegen das Wormser Denkmal im Allgemeinen und Einzelen und sodann gegen den Protestantismus überhaupt ins Auge fassen.

I.

Der Verfasser beginnt mit einem Ausfalle gegen den **künstlerischen** Werth des Luthermonumentes. „Es erscheint, sagt er, mehr als das Werk mühsamer und tendentiöser Reflexion, denn als das Werk eines schöpferischen, echt künstlerischen Genius. Jene rythmische Schönheit der Verhältnisse und jene einheitliche, lebensvolle, harmonische Gliederung und Gruppirung, die einem solchen Kunstwerke erst die wahre künstlerische Weihe und Vollendung verleihen, mangeln dem Luthermonumente in nicht geringem Grade. So **schön und vollendet** darum einzele der Figuren an und für sich betrachtet auch sind, so ist doch das Monument als Ganzes vom Künstler sicher nicht glücklich gedacht, und der künstlerische Gesammteindruck ein wenig glücklicher und befriedigender. Einförmig und monoton, wie große Aloevasen auf einer Gartenterrasse, stehen die einzelen Figuren neben-, hinter- und übereinander und wollen sich in keiner Weise zu einem großen, einheitlichen und harmonischen Ganzen gruppiren und gestalten. Es ist fast, als ob die Disharmonie des Protestantismus auch in diesem Monumente ihren Ausdruck und ihre Symbolik hätte finden sollen." „Man betrachte daneben den majestätischen Petersdom — wie meisterhaft hat man es hier verstanden, die kolossalen Massen zu überwältigen und sie unterzuordnen den ewigen Gesetzen der Schönheit, wie meisterhaft hat man es verstanden, die einzelen Theile untereinander und zum Ganzen zu gruppiren und zu gestalten! Diese beiden gewaltigen, himmelanstrebenden Thürme und diese Kuppel und dieser ganze Ost- und Westchor — ist nicht Alles an diesem Dome wie in Stein gehauene Musik und Harmonie? Und geht nicht Licht und Geist und Leben und vollendete harmonische Schönheit durch alle Formen dieses herrlichen Denkmals mittelalterlicher Kunst hindurch? . . . Hätten die Künstler des 19. Jahrhunderts, die den Plan zu dem Luthermonumente entworfen und ausgeführt, jenes geniale und tiefe, zarte und ●●●● Verständniß für die Gesetze der Schönheit gehabt, wie es jene mittelalterlichen Künstler besaßen, dann hätten sie sicher eine andere und bessere Form für das Luthermonument gefunden, und eine ganze Reihe künstlerisch durchaus unschöner Contraste wäre daran sicher vermieden worden. (In einer Anmerkung wird die Vergleichung des Monumentes in der Frankfurter Zeitung mit einer „großen Kegelpartie" eine treffende genannt.)" S. 2—3.

Nicht unglücklicher, als gerade so, hätte der Angriff gewählt werden können! Nichts leichter, als diese Plänklerschaar mit ein Paar kräftigen Hieben in die Flucht zu schlagen! Denn wenn irgend etwas in der Welt vor dem Urtheile der Sachverständigen, wie der Laien feststeht, so ist es das, daß der unsterbliche Rietschel im Namen des deutsch-protestantischen Volkes in dem Luthermonumente ein wahres und in seiner Art vollendetes Kunstwerk zu Stande gebracht hat. Wir berufen uns zum Beweise dafür nicht auf das übereinstimmende Urtheil von Hunderttausenden, die bei und seit seiner Enthüllung nach der alten Kaiserstadt am Rheine gewallfahrtet sind und die mächtigen Eindrücke, die sie davon bekommen, in den verschiedensten Blättern kundgegeben haben. Die wahre Kunst hängt nicht von dem Urtheil der Menge in den Tagesblättern ab. Wenn sie aber die Aufgabe hat, das Geistige und Ideale, die Gestalten der höheren ewigen Ordnungen über uns, insbesondere die von Gott unter dem Menschengeschlechte vollbrachten Großthaten seiner Allmacht und Liebe, soweit es in den Schranken der Endlichkeit möglich ist, mit Wahrheit und Treue, lebensvoll und harmonisch, der Idee entsprechend zur sinnlichen Anschaulichkeit zu bringen, wo ist ein Kunstwerk zu finden, welches diesen Anforderungen in höherem Grade entspräche, als dieß in Worms errichtete? Man ist bei der Errichtung desselben von der Idee ausgegangen, daß die Reformation und vor Allem die deutsche eine solche, die reichsten geistigen Güter vermittelnde Großthat der Macht und Liebe Gottes gewesen ist, und hat es demgemäß versucht, die ganze Fülle der in diesem weltgeschichtlichen Ereignisse zur Entfaltung gekommenen geistigen Kräfte und Wirkungen, nicht symbolisch, wie auch möglich gewesen wäre, sondern durch eine monumentale Darstellung der als Hauptträger derselben bekannten historischen Persönlichkeiten zur Anschauung zu bringen und der gesammten Welt zum dauernden Gedächtniß vor die Augen zu stellen. Daß die Sculptur, ebensowohl wie die Architektonik und Malerei, zur Errichtung eines solchen Zweckes geeignet und ihre Anwendung vom christlichen Standpunkte erlaubt ist, wird unsres Wissens nirgends mehr bestritten. Wenn die Reformation nun in erster Reihe als eine kühne Glaubensthat Luthers dasteht und zwar wie er dieselbe in der eklatantesten Weise vor dem versammelten Reichstage zu Worms auf Grund der von ihm gewonnenen Schrifterkenntniß gethan hat, so mußte seine Person, und gerade in der Gestalt, wie sie sich am 18. April 1521 zeigte, den Mittelpunkt des ganzen Monumentes bilden und die hervorragendste Stellung darin einnehmen. Eine einseitige Auffassung der Reformationsgeschichte hätte sich vielleicht damit begnügen mögen, nur die theologischen Vorläufer, Mitarbeiter und Nachfolger seines großen Werkes um ihn zu gruppiren. So wäre das Denkmal vielleicht vor 100 bis 200 Jahren ausgefallen und hätte dann gerechten Tadel finden müssen. Wir aber wissen, daß die Reformation weder ausschließlich ein Werk der Theologen und Geistlichen war, noch auf dem Gebiete der Theologie und Kirche allein ihre neugestaltenden Wirkungen ausgeübt hat; diese haben sich vielmehr auf alle Gebiete des menschlichen Lebens verbreitet, und zu ihrer Durchführung im Kampfe mit dem Alten haben auch vor 200 Jahren viele im politischen und socialen Leben hervorragende Männer mitgeholfen. So ist es gekommen, daß die Koryphäen auch unter diesen mit aufgenommen worden sind und nicht nur die vier Vorreformatoren und die Theologen Melanchthon, Zwingli, Calvin, Jonas und Bugenhagen, sondern auch der große Humanist Reuchlin, die Fürsten Friedrich der Weise, Philipp von Hessen nebst Johann und Johann Friedrich von Sachsen, die drei Städte Augsburg, Speyer und Magdeburg nebst 24 andern und die Vertreter der Ritterschaft Hutten und Sickingen in der großen Gruppe um unsern Luther ihre Stelle finden konnten; außerdem boten die Seitenflächen des oberen und unteren Würfels des Hauptpostamentes noch zu einer Reihe, das Wesen und die Tendenzen der großen Geisterbewegung im 16. Jahrhundert charakterisirender Inschriften und zu einer Reliefdarstellung der Hauptmomente im Leben Luthers, und der

Sockel zu der Aufnahme der Wappen der die Augsburger Confession unterschreibenden Fürsten und Städte Raum bar. Bis von diesem Allem jedem Einzelen sein angemessener Platz angewiesen war, erforderte es freilich von Seiten der Künstler, wie des die ganze Ausführung leitenden Ausschusses ein reifliches Erwägen und Ueberlegen; es steht jetzt aber doch Alles so natürlich und einfach, so planvoll und klar angeordnet vor unseren Augen da, daß man wahrhaft staunen muß, wie das Ganze, statt als ein Werk aus Einem Gusse und von wahrhaft bewunderungswürdiger Harmonie und Symmetrie, vielmehr als ein Werk mühsamer und tendentiöser Reflexion bezeichnet werden kann. Als ob irgend ein großes Kunstwerk der Welt einer einzigen Stunde sein Dasein zu verdanken gehabt hätte! Als ob die Baumeister und Bauherren jener großen und herrlichen Dome des Mittelalters nicht auch Wochen, Monde und Jahre lang an ihren Plänen gearbeitet und auch von allen Seiten guten Rath angenommen hätten! Als ob hiernach nicht auch der Speyerer Dom mit seinem Marienkult, ja, selbst die Dresdener Madonna Raphael's als Werke mühsamer und tendentiöser Reflexion bezeichnet werden müßten, und danach schließlich alle Gebilde der Kunst! Gibt nun der Verfasser selbst zu, daß wenigstens einzelne der Figuren (er bezeichnet später als solche namentlich Waldus, Savonarola, Melanchthon, die Magdeburg, auch Luther) schön, ja, vollendet seien — wir behaupten dieß mehr oder weniger von allen — wie läßt sich da von einem Mangel an künstlerischer Weihe und Vollendung reden! Die einzelen Theile sind gut, das Ganze ist seiner Idee so vollkommen als möglich entsprechend, und die große That der Reformation so einfach, so natürlich, so vollständig, so harmonisch und symmetrisch, als nur denkbar, veranschaulichend — wo bleibt da eine gerechte Ursache nicht etwa nur zu einem Tadel in künstlerischer Hinsicht (den dürfte man sich ja wohl gefallen lassen; die Künstler haben sich in dieser Beziehung bescheiden genug ausgedrückt), sondern zu einem völlig wegwerfenden Urtheile? Dem Verfasser scheint hauptsächlich das Erhabene zu fehlen, das großartig gen Himmel Strebende, was man in einem Kölner, Straßburger und ähnlichen Dome empfindet! Das Luthermonument ist ihm trotz seiner 27 Fuß Höhe nicht imposant, nicht kolossal genug; er kann diesen Eindruck nur in jenen großen mittelalterlichen Domen gewinnen! Nun, da wollen wir ihm gern zugestehen, daß auch auf uns jeder Zeit einer jener großen Dome einen imposanteren, überwältigenderen Eindruck gemacht hat, als jedes, auch das vollendetste Kunstwerk der Skulptur und Malerei. Wir müssen ihn aber auch daran erinnern, daß der Skulptur andere Gesetze vorgeschrieben sind, als der Architektonik, und daß sie das nicht bieten kann und darf, was jene bieten soll und im gothischen Dome des Mittelalters allerdings in einer bisher unübertroffenen Weise geboten hat. Den Eindruck des Imposanten, Ueberwältigenden können auch Canova's Meisterwerke nicht hervorbringen; und an ihnen hat doch gewiß auch der Verfasser nichts auszusetzen. — Auf seinen wohlfeilen Spaß mit den Aloevasen und der großen Kegelpartie haben wir kein anständiges Wort der Erwiederung parat.

Doch des Verfassers Angriffe sind ja weniger gegen die künstlerische Seite des Monumentes gerichtet, als vielmehr gegen die in demselben dargestellten Personen und die von ihnen vertretenen Ideen. Man fühlt es auch aus den Widersprüchen, in die er sich in ersterer Beziehung, das Ganze tadelnd, die einzelen Figuren meist anerkennend und von der Skulptur Unmögliches verlangend, verwickelt, daß er auf dem Gebiete der Kunst nicht recht zu Hause ist. Was thut er nun, um das Denkmal in jener andern Beziehung seines inneren Werthes zu berauben? Als ein geschickter Feldherr schickt er nach den Plänklern seine Scharfschützen gegen die Anführer des ihm feindlichen Heeres aus, um dasselbe sodann mit einem Anpralle seiner gesammten Truppenmasse zu vernichten. Nur schade, daß diese Scharfschützen noch mit Vorderladern bewaffnet sind, so daß ihre von Mainz abgeschossenen Kugeln weit vor den ehernen Gestalten des Wormser Denkmals ohnmächtig zu Boden fallen! Man würde sich sehr getäuscht finden, wenn man in dem vorliegenden Buche wirklich neue und ins Gewicht fallende Angriffe gegen sie suchen wollte. Es sind lediglich die alten, längst bekannten Vorwürfe und Schmähungen — wir sagen mit dem letzteren Worte nicht zu viel — welche, in neuem Gewande aufgeputzt, gegen die reformatorischen Persönlichkeiten vorgebracht werden.

Zuerst wird die Person Luthers auf das Korn genommen und von ihm gesagt: Wir müssen Rietschel das Zeugniß geben, daß er ihn wahr und lebendig modellirt hat; wir haben hier den wirklichen Luther vor uns, wie er geleibt und gelebt. Aber gerade, weil hier der wirkliche Luther mit so großer Naturwahrheit wiedergegeben ist, darum ist diese ganze Luthergestalt auch so wenig erhaben, so wenig edel, so aller und jeglicher Idealität baar. Wir könnten den Mann, wie er hier steht, eher für alles Andere halten, als für den Wiederhersteller des reinen Evangeliums; denn vom Evangelium und seinen geheimnißvollen Höhen und Tiefen wissen diese Züge sehr wenig zu erzählen. Nicht der heilige Ernst und die himmlische Milde, nicht der höhere Friede und die innige Frömmigkeit, nicht jene innere Seelenwahrheit und Seelenklarheit des Evangeliums, sondern derbe Sinnlichkeit und stürmische Leidenschaft sprechen unverkennbar aus diesen Zügen" S. 6. Mit geballter Faust, wird dann fortgefahren, steht er da, mit vortretendem Fuße, mit in den Nacken geworfenem Haupte; diese Darstellung ist historisch vollkommen berechtigt, denn das ganze Leben Luthers von seinem Abfalle von der Kirche bis zu seinem Tode war dem Trotze, dem Hasse und der Zerstörung der Kirche geweiht. Auch daß er mit „trotzig geballter Faust" auf die Bibel schlägt, sei gerechtfertigt, denn nicht die katholische Kirche, sondern er und die Protestanten mit ihm bis auf Baur, Strauß, Volkmar, Hilgenfeld und den deutschen Protestantentag herab hörten nicht auf, gegen die Bibelwahrheit anzukämpfen und sich an diesem heiligen Buche zu versündigen. Daß solch ein in der berben Sinnlichkeit festgewurzelter Mann aber von Gott den Beruf gehabt habe, das Uebersinnlichste, das Idealste und Himmlischste, was es gibt, das Christenthum und seine Lehren, seine Gebote und Gnadenmittel zu reformiren, das sei ebensowenig zu glauben, als daß Muhammed ein von Gott erleuchteter Prophet gewesen. Dieses Urtheil wird S. 126—181 noch in einem besonderen von Luthers Leben und Lehren, Charakter und Wirken handelnden Abschnitte in ausführlicher Weise zu begründen gesucht und durch die Aufsuchung und Aneinanderreihung aller menschlichen Schwächen, die dem großen Reformator angeklebt, häufig auch durch Entstellung und Verdrehung verschiedener Thatsachen aus seinem Leben ein solches Bild von ihm entworfen, daß wir uns nur schwer entschließen können, es auch nur in den allgemeinsten Umrissen wiederzugeben, weil es nichts als eine unwürdige Karrikatur des seit drei Jahrhunderten von Millionen und aber Millionen hochverehrten Mannes ist. Es genüge zum Beweise auf Folgendes hinzuweisen: Luther ist nur durch hypochondrische Einbildungen zu seiner angeblichen Bekehrung in Erfurt gekommen; seine Sola-Fides-Lehre sollte ihm nur zu einem bequemen Ruhekissen für die Sünde, vor Allem für den Bruch seines Mönchgelübdes, dienen; gegen den „hochangesehenen Volksredner" und bei einem echt „frommen Werke" seine Befugnisse nicht überschreitenden

Tetzel tritt er „plump, leidenschaftlich und mit einem Strom häßlicher und ungebührlicher Schmähungen" auf; bei der Leipziger Disputation hat in Eck die Wahrheit über den Irrthum gesiegt; von 1520 ab erscheint in Luther ein furchtbarer Demagoge, der „mit frevelnder Hand die Brandfackel des Aufruhrs gegen die Kirche unter die Fürsten und das Volk schleuderte und vor nichts mehr zurückschreckte"; nach Worms zu gehen erforderte keinen sonderlichen Muth, da er, „in das Geheimniß der kriegerischen Pläne Huttens und Sickingens eingeweiht, wohl wußte, daß die furchtbare materielle Macht der beabsichtigten politischen Revolution dicht hinter ihm zu seinem Schutze bereit stand, es war nur eine prahlerische Phrase, daß er nach Worms müsse, wenn auch so viele Teufel, als Ziegel auf den Dächern drin wären"; seine reformatorischen Lehren haben überall, und besonders in Wittenberg, eine furchtbare Verwilderung der Sitten im Gefolge gehabt, — kein Wunder, denn bei seiner Lehre von der Unfreiheit des menschlichen Willens sei der Mensch ja „keiner moralischen Zurechnung und Verantwortlichkeit fähig und könne allen Leidenschaften ruhig die Zügel schießen lassen"; Luthers aufreizende und revolutionäre Schriften haben den Bauernkrieg veranlaßt; daß er die Bauern aber dann wie tolle Hunde habe todtschlagen heißen, sei das allerunedelste gewesen und diesem Auftreten nur dadurch noch die Krone aufgesetzt worden, daß er sich „mitten in den Stürmen und dem Blutvergießen des durch den Bauernaufruhr entzündeten Bürgerkrieges auf sakrilegische Weise mit einer entlaufenen Nonne verheirathet" und diese That durch ein fröhliches Hochzeitsmahl gefeiert habe; gehässig, unwürdig und roh seien seine Aussagen und Bekenntnisse über das Abendmahl, besonders Zwingli gegenüber; auf dem Schmalkaldener Protestantentag sei Luther „mit einem wahrhaft an Paroxismus gränzenden Hasse gegen den Papst und die Kirche aufgetreten"; und dieser fanatische Haß sei in den folgenden Jahren auf eine solche Höhe gestiegen, daß sich die Entstehung der Schrift: Wider das Papstthum zu Rom vom Teufel gestift, nur durch die Annahme erklären läßt, „daß Luther sie großentheils im Zustande der Erhitzung durch berauschende Getränke geschrieben habe"; wie tief er zuletzt heruntergekommen sei, beweise seine letzte Schrift: Schem-Hamphoras, in der er sich „in den ekelhaftesten, schmutzigsten und unfläthigsten Bildern und Ausfällen gegen die Juden ergehe"; alle seine guten Eigenschaften, als welche in Gnaden doch noch seine lebendige, sprudelnde Phantasie, seine volksthümliche und hinreißende

Beredtsamkeit, sein felsenfester Glaube an Christus als Gottes Sohn und an die Göttlichkeit des Christenthums, auch seine Uneigennützigkeit und sein Freimuth anerkannt werden (an Gelehrsamkeit wären ihm Bellarmin, Suarez u. A. weit überlegen gewesen), treten tief in den Hintergrund gegen seine Fehler: seine kleinliche Eitelkeit, seinen Stolz, seine dämonisch erhitzte Einbildungskraft, seinen wilden Haß gegen alles ihm Widerstehende, sein rohes und pöbelhaftes Schimpfen, seine widerliche, schmutzige Sinnlichkeit. „Wie groß und ideal müssen uns im Vergleich zu ihm jene Heroen christlicher Tugend und Frömmigkeit erscheinen, wie sie aus der Kirche uns entgegenleuchten in einem heil. C. Borromäus, Fr. Xaver, Ignaz von Loyola, Pius V., Phil. Neri, Thom. von Villanova, P. Canisius, Vinz. von Paula, Fr. von Sales, Barth. de Martyribus, Joh. de Cruce, Caj. von Thiene!"

Es hält schwer, auf eine solche Masse gehässiger Anklagen ein Wort der ruhigen Erwiederung zu finden. Die Mehrzahl richtet sich vor den Augen jedes Verständigen von selbst: wie sollte sich eine von jeher so besonnene, ehrenfeste, tief religiöse und sittliche Nation, wie die deutsche ist, von verrückten Einbildungen eines Hypochonders so plötzlich und allgemein haben elektrisiren und hinreißen lassen können, wie es durch die 95 Thesen, die Schriften vom Papstthum zu Rom, an den christlichen Adel deutscher Nation, von der babylonischen Gefangenschaft der Kirche u. s. w. thatsächlich geschehen ist; eine Erklärung des den Grund zu einer ganzen Erneuerung der Weltgestalt legenden Vorganges in der Klosterzelle zu Erfurt, wie sie der angeblich „deutsche Theologe" angeblich „im Lichte der Wahrheit" annimmt, hat in Wahrheit nicht mehr Werth, als die von unsern heutigen Rationalisten beliebte Erklärung des wunderbaren Vorganges von Damaskus, wonach der pharisäische Eiferer Saulus lediglich durch einige visionäre Einbildungen zum großen Heidenapostel Paulus geworden wäre! Wie sollte der bloße blind fanatische Haß eines Mönches ohne alle Anwendung von physischer Gewalt, wie sie ein Muhammed gewonnen, eine auf den solidesten Grundlagen ruhende neue Kirchengemeinschaft zu gründen im Stande gewesen sein! Wie hätte ein kecker, grober Pamphletist das Rüstzeug gehabt, unserem Volke die auch von den größten und unparteiischsten Sprachforschern für ein unübertreffliches Meisterwerk erklärte, deutsche Bibel zu geben und so meisterhaft und in die Tiefen und Höhen des Schriftwortes eindringend zu erklären, wie in seinen Commentaren und Vorreden zu den einzelen biblischen Büchern geschehen ist! Wie ein Säufer und Wüstling, so unerschütterlich fest am lebendigen Glauben an den „Heiligen" Gottes zu halten, wie auch der Verfasser zugibt, die bewundernswerthe Geistesfrische sich zu bewahren, die zur Ausübung der echten Beredtsamkeit, zur Abfassung Gelehrte und Ungelehrte wahrhaft befriedigender Schriften und zum Gesange so herrlicher, kindlich einfacher und erhaben begeisternder Lieder, wie wir sie von Luther haben, gewiß ein unabweisliches Erforderniß ist! Unerklärlich bliebe dabei auch, wie von einem solchen Manne so treffliche, sicherlich nur von einem keusch und nüchtern sich haltenden Geiste ausgehende Auslegungen der Gebote Gottes im großen und kleinen Katechismus und in anderen Schriften über die verschiedenen Gebiete der christlichen Sittlichkeit geschrieben werden konnten! Er müßte ein perfekter Heuchler gewesen sein, und das war er doch auch nach des Verfassers Ansicht nicht, da er stets freimüthig seines innersten Herzens Gedanken geoffenbart hat. Es muß also mit jenen menschlichen Schwächen, die wir an einem Luther so wenig, als an einem Apostel Petrus läugnen, doch nicht so arg gewesen sein!

Aber Luther steht doch als eine kühn trotzige und, um Hase's Wort zu acceptiren, mit derber Sinnlichkeit an der Erde festgewurzelte Persönlichkeit vor uns, auch nach Nietschels Auffassung. Nun wohl! Es entspricht dem wirklichen, historischen Luther. Er hat in Wahrheit dem Katholicismus und dem ganzen Riesenbau der mittelalterlichen Hierarchie und des mit ihr liirten Staatswesens Trotz geboten, ohne Furcht und Zagen, wenn sie auch wie Teufel auf ihn einstürmten. Er hat auch als früherer Mönch das Gelübde der Ehelosigkeit gebrochen und dem sinnlichen oder, besser gesagt, irdischen Leben ohne jegliche falsch asketische Weltflucht nicht nur für Andere, sondern auch für sich selbst ihr Recht widerfahren lassen. Die Berechtigung dazu hat er sich aber nicht aus sich selbst und seinem Fleisch und Blut genommen, sondern aus der Bibel, die er in seiner linken Hand hält und auf die er seine rechte geballt gelegt hat. Gottes Wort ist es, das ihn zum Baalvertilgenden Elias gemacht und mit Paulus sprechen gelehrt hat: Haben wir nicht auch Macht, eine Schwester zum Weibe mit umherzuführen, wie die andern Apostel auch und die Brüder des Herrn und Kephas, 1. Kor. 9, 5, und trinke nicht mehr Wasser, sondern brauche ein wenig Weins, um deines Magens willens und daß du oft krank bist 1. Tim. 5, 23 vgl. Pf. 104, 15.- Wenn er den Zustand der Christenheit, wie er damals vor seinen Augen sich darstellte, mit demjenigen verglich, in dem sie zur Apostelzeit sich befunden, so mußte seine Brust mit einem gerechten und heiligen Zorn erfüllt werden: da des Herrn Haus, vor Allem durch den Ablaßhandel und die Inquisition, zum Kaufhaus und zur Mördergrube gemacht worden war; so konnte er in seinem Eifer für die Ehre desselben nicht mit unzeitig schwächlicher Nachsicht, Schonung und Liebe auftreten, er mußte mit der Geißel die Käufer und Verkäufer aus dem Tempel treiben, er mußte mit kühnem Trotz und unerbittlichem Hasse gegen die Wechsler und Taubenkrämer einschreiten. Er mußte das insbesondere als guter Deutscher thun, dem schändlichen Aussaugungs- und Bedrückungssystem gegenüber, mit welchem die „Wälschen" damals gerade die deutsche Nation mit tausend und aber tausend Banden umstrickt hielten. Das Constanzer und das Baseler Concil belehrten ihn, daß Palliativmittel da nicht fruchteten, daß eine Radikalkur nöthig war. Wenn er sich dabei hauptsächlich an die drei paulinischen Worte gehalten hat: Glaube an den Herrn Jesum Christum, so wirst du und dein Haus selig, Act. 16, 31. So bestehet nun in der Freiheit, damit uns Christus befreiet hat, und lasset euch nicht wiederum in das knechtische Joch fangen, Gal. 5, 1, und Alles ist euer, 1. Kor. 3, 22, — hat er da Unrecht gethan? Man kann es von dem Standpunkte der Unfehlbarkeit der Papstkirche behaupten und aus der mit der Zeit stark gewordenen Festung der Tradition auf das offen und frei jedem Anblicke und auch jedem Angriffe sich bloßstellende Luthermonument Geschosse abwerfen: sie fallen vor dem Ziele zu Boden, ihre Wirkung ist eine ohnmächtige, es ist durch die gute Wehr und Waffe des Wortes Gottes sicher gestellt. Die von Luther gegründete oder, besser gesagt, von ihm regenerirte evangelische Kirche hat sich von Anfang an auf die Bibel, als die einzige Regel und Richtschnur des Glaubens und Lebens in ihr gestellt, wie auch der Bischof von Augsburg bei der Vorlesung der Augsburger Confession zugestanden hat: „Was die Lutheraner vorgelesen haben, ist wahr, es ist reine Wahrheit, wir können es nicht läugnen", und der Herzog von Bayern: „Die Lutheraner sind in der Schrift, und wir daneben!" Sie steht im Großen und Ganzen bis auf den heutigen Tag noch auf demselben Standpunkt; denn Erscheinungen, wie sie z. B. in dem von der Autorität der Bibel mehr oder weniger sich lossagenden Protestantenverein (von dem das Lutherdenkmal übrigens nicht ausgegangen ist) zu Tage getreten, sind ebenso vorübergehender Natur, wie die innerhalb des Katholicismus im Laufe der Jahrhunderte aufgetauchten verschiedenen Bestrebungen zur Aenderung dieser oder jener Dogmen oder Verfassungsverhältnisse in ihr. Daß sie auf diesem Fundamente aber nicht nur ebenso fest, sondern noch viel fester, als die katholische Kirche mit ihren zahllosen Kanones und Decretalen steht, das wird erst die Zukunft noch zu voller Gewißheit erheben. Denn Menschenwort vergeht, Gotteswort allein bleibt ewig stehen.

Darum lassen wir uns Luthern, der sich auf dieses Gotteswort gestellt, wenn er es auch mit einer gegen den Aberglauben, wie gegen den Unglauben geballten Faust gethan hat, nimmermehr antasten. Und daß er es, wie in seinem ganzen reformatorischen Auftreten, so auch bei seinem Erscheinen auf dem Reichstage zu Worms mit kühnem Muth und gläubigem Gottvertrauen gethan hat, dafür lassen wir den auch vom Verfasser als unparteiischen Geschichtschreiber anerkannten Ranke (sämmtliche Werke I, 337) eintreten: „In der That ward zuweilen den Mitgliedern des Hofes nicht ganz wohl zu Muthe, wenn sie sich so ohne Rüstung, noch Waffen in der Mitte einer gährenden, kriegslustigen, von feindlichen Tendenzen ergriffenen Nation erblickten. **Zunächst war jedoch nichts zu fürchten, da Sickingen und so viele andere Ritter und Kriegsanführer in Karl's V. Dienste eingetreten, unter seinen Fahnen in kurzem Ehre und Gewinn davonzutragen hofften.**"

Von Luther wenden wir uns zu den vier bedeutendsten Stützen und Förderern seines Reformationswerkes: **Landgraf Philipp von Hessen, Kurfürst Friedrich dem Weisen, Reuchlin und Melanchthon.** Ersteren weiß der Verfasser wegen seiner bekannten Doppelehe, den zweiten wegen seiner geringen geistigen Begabung, den Praeceptor Germaniae wegen seiner Ja- und Nein-Theologie, und den Reuchlin, weil er Katholik gewesen und geblieben sei, der Aufstellung auf diesem Denkmale für unwürdig zu erklären. Unter diesen vier Gestalten müssen wir uns zunächst die gegen Friedrich den Weisen und Melanchthon geworfenen Steine verbitten, denn der Charakter dieser beiden Männer steht, bei jenem in der Politik, bei diesem in der Theologie und Wissenschaft, als ein so durchaus edler und unantastbarer da, daß es nur die Galle des Verläumders wagen darf, ihnen etwas anzuhaben; daß sie keine heroischen Naturen waren, wie Luther, wird ihnen kein Vernünftiger zum Vorwurf machen können, Joh. 3, 27.

Was Philipp von Hessen betrifft, so wollen wir seine Doppelehe nebst dem bekannten, sie sanctionirenden Votum von Luther und Melanchthon keineswegs billigen, wir fragen aber, hat die heilige Schrift nicht ein Recht, David einen Mann nach dem Herzen Gottes zu nennen, trotzdem, daß er sich an Uriah's Weib so schwer versündigt und dafür, wie auch Philipp, harte, von Gott über ihn verhängte Strafen hat erdulden müssen? Und wie viele, ungleich schwerere Verbrechen sind im Laufe der Zeit bei Fürsten und Herren durch die katholische Kirche, Päpste und Bischöfe gutgeheißen, ja veranlaßt worden?

Reuchlin endlich, ja, er ist Anno 1522 als guter Katholik gestorben, doch nicht ohne kurz zuvor den Zorn Ecks auf sich geladen zu haben, weil er sich in Ingolstadt der Verbrennung von Luthers Schriften widersetzt hatte; die Beurtheilung seiner Person aber hängt mit derjenigen des Humanismus zusammen, dessen Haupt- und Vorkämpfer er war, und daß dieser letztere der Reformation ebenso vorgearbeitet hat, wie einst die klassischen Produkte der Literatur und Kunst der Griechen und Römer dem Christenthum, das kann keinem Zweifel unterliegen. Reuchlin hat eine hervorragende Stelle an dem Monumente gebührt, und seine, wie auch Melanchthons, seines Großneffen, Statuen stehen in Worms als lebendige Zeugnisse da, daß der Protestantismus das Licht der freien Wissenschaft nicht nur nicht scheut und fürchtet, sondern auf alle Weise hegt und pflegt. Aus demselben Grunde konnte auch der Poeta laureatus und ritterliche Bekämpfer des Obscurantismus, Ulrich von Hutten, der literarisch so überaus thätige Mann, so viel Tadelnswerthes auch sein Leben bietet, wenigstens in einem Portraitmedaillon eine Stelle finden; und „Heiden" werden gewiß jene Päpste, Cardinäle und Bischöfe seiner Zeit, die die alten Götter und Göttinnen der Maria und den Heiligen substituirt haben, mit größerem Rechte zu nennen sein, als er.

Ein besonderer Dorn im Auge sind dem Verfasser die zu den Füßen des Lutherstandbildes in sitzender Stellung angebrachten vier sogenannten Vorreformatoren. Er bekämpft sie zuerst mit den Waffen des Spottes und meint, man hätte consequenter Weise auch vier Nachreformatoren anbringen sollen, und er schlägt als solche Socin, Schleiermacher, Baur, und D. Strauß vor. Worauf wir ihm denn doch in Arndt, Spener, P. Gerhard, Bengel, Neander u. s. w. andere Namen vorschlagen würden, wenn es überhaupt einen Sinn hätte, bei einem

die an und für sich abgeschlossene historische Thatsache der Reformation
verherrlichenden Monumente Jahrhunderte später lebende Personen mit
aufzunehmen. Er meint sodann, sie paßten gar nicht in die Gesellschaft
der Reformatoren, mit Waldus und Savonarola* sei an der katholischen
Kirche geradezu ein Raub begangen worden, da sie, obwohl irrende
Glieder, ganz ihres Glaubens gelebt hätten und darin gestorben seien,
Wycliffe und Hus aber hätte man sich scheuen sollen, aufzunehmen, weil
jener ein verworrener Kopf, eine unedle Natur und ein erklärter
Pantheist, dieser aber, obwohl als Charakter höher stehend (ja auch
höher als Luther!), nicht eine weiche und milde Persönlichkeit, wie ihn
Lessing und Rietschel fälschlich dargestellt hätten, sondern ein fanatischer
Czeche gewesen sei. So urtheilt der katholische Theologe des 19. Jahrhunderts. Schade, daß er, was Waldus und Savonarola betrifft, nicht
ihr Zeitgenosse gewesen ist; er hätte sich, gleich ihnen, ein Verdammungsurtheil seiner Kirche zugezogen! Denn wenn zum Begriffe eines Reformators auch noch mehr gehört, als einfach, wie Waldus, und ohne
an dem ganzen hierarchischen System zu rütteln, mit der Bibel in der
Hand die Leute den Weg des Lebens zu lehren, so war es doch, wie
das traurigste Blatt der katholischen Kirchengeschichte bezeugt, in jener
Zeit Verbrechen genug, um mit Feuer und Schwerdt bekämpft zu werden. Es ist ein erfreuliches Zeichen von dem übermächtigen Einflusse
des Protestantismus auch auf die katholische Kirche und ihre dermaligen
officiellen Vertreter, daß sie jetzt eine Ehrenrettung der einst von ihr
so barbarisch verfolgten und unterdrückten Armen von Lyon wagt. Wir
nehmen sie um so dankbarer an, als der Protestantismus ja nicht mit
dem Katholicismus der ersten christlichen Jahrhunderte, sondern nur
mit demjenigen der späteren mit seinen Irrlehren und Mißbräuchen in
einem unvereinbaren Widerspruch steht. Wie wäre aber die Reformation ohne die waldensische Rückkehr zur Bibel möglich gewesen? Lassen
wir darum dem Petrus Waldus seinen Platz zu den Füßen des bibel-
gläubigen Luther! Und auch dem Savonarola! wiewohl gerade seine
neueste Biographie (von Pasquale Villari, deutsch von M. Ver-
buschek, in 2 Bänden, bei Brockhaus 1868) auf Grund vieler bisher
unbekannten Urkunden und Aktenstücke klarer und deutlicher, als früher

---

* Uebrigens werden wir die Berechtigung Savonarola's, neben Waldus,
Wycliffe und Hus als Vorreformatoren zu den Füßen Luthers zu sitzen, in unserer zweiten Abhandlung nachweisen.

bekannt gewesen, nachgewiesen hat, daß das Ziel seines Lehrens und Wirkens mehr auf eine politische, als eine religiöse Erneuerung von Florenz und Italien gerichtet war, er auch in Wahrheit nicht vom katholischen Glauben abgefallen ist. Aber er hat doch den Muth gehabt, der verderbten Kirche seiner Zeit ihre groben Sünden und Laster aufzudecken und vorzuhalten, er hat auch des über ihn geschleuderten Bannfluches nicht geachtet und für die Gewissensfreiheit gekämpft, die nun endlich auch in dem so lange geknechteten Italien zur Anerkennung gekommen ist und sicherlich auch noch innerhalb der Mauern der alten Weltstadt ihre reformatorischen Wirkungen ausüben wird.

Zu Wycliffe's Vertheidigung wollen wir nicht viel sagen. Das protestantische England, mit dessen Rückkehr zur „Popery" es noch gute Wege hat, so nahe bevorstehend sie auch vom Verfasser verkündigt wird, ist ein lebendiges Zeugniß davon, wie tief die in Constanz so leidenschaftlich verfluchten reformatorischen Ideen Wycliffe's bei der englischen Nation schon vor dem 16. Jahrhundert in Fleisch und Blut übergegangen waren. Es zeugt von wenig Sinn für den Pragmatismus der Geschichte, wenn man, wie der Verfasser, nach einem bon mot Friedrichs M., thut, die Einführung der Reformation in England lediglich von den verliebten Launen eines Tyrannen (in Deutschland von den gemeinen Interessen seiner Fürsten und Städte, in Frankreich von der novarum rerum cupiditas) ableiten will; da müßte das englische Volk statt einer freien, ritterlichen, selbständigen Nation, wie sie uns Shakespeare's Dramen in so naturgetreuer Weise schildern, vielmehr ein Geschlecht von knechtischen Feiglingen gewesen sein, wenn es sich seinen Glauben, das Theuerste, was der Mensch hat, nur durch die Laune eines Tyrannen hätte rauben lassen. Was aber den Doctor evangelicus selbst betrifft, so muß ihm auch der papistisch gesinnte englische Geschichtschreiber Lingard (hist. of Engl. 1823. IV. 261) das Zeugniß ertheilen, daß sein Leben ein „in sittlicher Hinsicht musterhaftes" gewesen sei; zu seiner reformatorischen Thätigkeit ist er allerdings zunächst durch seinen Kampf für die politisch-nationalen Interessen der englischen Kirche geführt worden, er ist bei diesem aber keineswegs stehen geblieben, sondern er hat sich dadurch zu einer Kritik des gesammten römischen Kirchenwesens führen lassen; seine daraus resultirende Theologie trägt noch stark das Gepräge des scholastischen Realismus, dessen subtile Distinctionen uns jetzt fremdartig lauten, an sich, sie ist aber eine specifisch reformatorische, schon wegen ihres obersten und durchaus leitenden Grundsatzes, daß „die Auctorität der heiligen Schrift, namentlich des Evangeliums, unendlich höher steht, als jede andere, die es geben kann" (Trial. c. 31); sein höchstes Verdienst jedoch besteht darin, daß er und seine Freunde dem englischen Volke die Bibel in der Muttersprache in die Hände gegeben und „freely and truly" ausgelegt und gepredigt haben, wie Hus den Böhmen und Luther den Deutschen. Das ist der Hauptgrund, weßhalb Wycliffe ein Recht hat, zu den Füßen Luthers zu sitzen, und dagegen, glauben wir, würden auch Luther und Melanchthon keine Einsprache erheben, obgleich sie ihm vor dreihundert Jahren theils aus Unkenntniß, theils wegen seiner mehr reformirten Denk- und Lehrweise nicht sehr geneigt waren.

Ueber Hus hat sich der Verfasser sein Urtheil lediglich aus den Werken des bekannten Katholiken Const. Höfler von Prag gebildet; und vor dessen Forum freilich ist ihm, angeblich auf Grund vieler neu entdeckten Geschichtsquellen über ihn, im 19. Jahrhundert ein ebenso verdammendes Urtheil gesprochen worden, wie im 14. Jahrhundert von den Ketzerrichtern zu Constanz. Würde er sich die Mühe nehmen, auch die von protestantischer Seite in neuester Zeit veröffentlichten Schriften (Aufsätze in diesem Blatte, Krummel, Gesch. der böhm. Ref. bei F. A. Perthes 1866, von Sybel's hist. Zeitschr. 1867, I, Palacky, Gesch. des Hussitenth. Prag 1868; auch die früher erschienenen Schriften Wessenbergs und Bonnechose, lettres de J. Hus, Paris 1846) zu vergleichen, so würde er sich, sofern es ihm wirklich um die „Wahrheit" zu thun ist, davon überzeugen können, daß sein abschätziges Urtheil über Hus ein durchaus ungerechtfertigtes ist. Wir können hier nicht auf Einzelnes eingehen, so viel aber steht fest, solange Herr Höfler nicht noch ganz andere hussitische Geschichtsquellen entdeckt haben wird, als die er bis jetzt in den Fontes rerum austriacarum veröffentlicht hat, so lange wird auch v. Wessenberg Recht behalten, wenn er den Märtyrer von Constanz als einen Mann bezeichnet, „fromm und gut gesittet, von strenger Lebensart, wie schon sein Aeußeres verkündete, ausgezeichnet durch theologische Gelehrsamkeit und Tiefe des Gemüths, durch lebhafte Phantasie und volksthümliche Freundlichkeit, durch gewaltigen Ernst, ungestümen Eifer und einen bewundernswerthen Heldenmuth", wenn er ferner seine Verbrennung als eine Machtübung bezeichnet, die sich selbst das Urtheil spricht, und deren schwerste Schmach auf Sigmunds kronumstrahltes Haupt gefallen ist (K. Verf. des 15. und 16. Jahrh. II, 112—176). Man kann Alles verdrehen, man kann die frömmsten und edelsten Menschen in ihrem Charakter und in ihren Handlungen angreifen, man sollte sich aber katholischer Seits doch endlich einmal schämen, auf denjenigen Mann Steine zu werfen und ihn (in Uebereinstimmung mit dem Urtheile des Socialisten Louis Blanc hist. de la rev. franc. c. 1) als einen gemeinen Revolutionär bezeichnen zu wollen, an dem die katholische Kirche das schreiendste Unrecht, die eclatanteste Gewaltthat begangen hat. Auch an seinen Anhängern, den so übel verschrieenen Hussiten, ist von der Kirche viel mehr Unrecht verübt worden, als von ihnen ausgegangen ist.

Die Bemerkungen des Verfassers, zu den sechs Basrelief=Darstellungen aus Luthers Leben und Wirken können wir nach dem oben über Luther Gesagten um so mehr mit Stillschweigen übergehen, als ihm darunter eigentlich doch nur seine Verheirathung besondern Anstoß gibt. Auf die so treffend gewählten und jeden Beschauer des Denkmals zum ernsten Nachdenken über die innere Bedeutung desselben auffordernden Lutherworte kommen wir später zurück. Nur noch einige Worte über die Porträtmedaillons der Zeitgenossen und Mitarbeiter Luthers. In den Gesichtern der Kurfürsten Johann und Johann Friedrich von Sachsen kann er nur Geistlosigkeit einer= und unersättliche Gier nach dem Besitze der Kirchengüter anderseits wahrnehmen; darauf erwiedern wir: Karl V. hat auf dem Reichstag zu Augsburg und späterhin einen andern Eindruck von ihnen bekommen, vgl. Ranke, deutsche Geschichte im Zeitalter der Reformation 1868, B. V. c. 9. Bei J. Jonas und Joh. Bugenhagen haben ihm die „entgeistlichten, versinnlichten und verweltlichten Züge einen sehr unangenehmen Eindruck gemacht": uns ist Jonas, wenn er auch kein Stern erster Größe war, als ein treuer Prediger, Docent und Liederdichter theuer, der Doctor Pomeranus aber hat sich durch seine kirchenpolitische Thätigkeit in den Ländergebieten des jetzigen norddeutschen Bundes ein Denkmal gesetzt, aere perennius. Im Porträt Calvin's findet er „absolutistische, düstere, spitze und eisig kalte Tyrannenzüge", in denjenigen Zwingli's „revolutionäre, derbe und versinnlichte Demagogenzüge"; er spottet auch darüber, daß sie jetzt „in großer Eintracht mit Luther am Luthermonumente prangen", während es im Leben einst gar anders gewesen sei. Es ist nicht nöthig, eine Apologie dieser beiden Männer zu schreiben,

sie haben sich dieselbe, besonders Calvin, durch ihre Thaten und Schriften längst selbst verschafft; was aber ihre Differenzen und Kämpfe mit den sächsischen Reformatoren betrifft, so verweisen wir den Verfasser auf den allgemeinen Satz, daß, wo Leben, auch Bewegung und ein Aufeinanderplatzen der Geister ist, und daß solches, nach Gal. 2., Act. 15., Römer= und Jakobusbrief, schon in der apostolischen Kirche ohne Schaden für sie, vielmehr zu ihrem größten Gewinn stattgefunden hat. Womit freilich nicht geläugnet werden soll, daß die Gegensätze und Kämpfe zwischen den Lutheranern und Reformirten auch ihre tief bedauerliche Seite gehabt haben; weil die Protestanten beider Confessionen dieß in unserer Zeit immer mehr einsehen und zwischen wesentlichen und minder wesentlichen Differenzen unterscheiden gelernt haben, so streben sie deßhalb immer eifriger nach einer Union in der Liebe, und diesem Streben ist durch die Aufnahme der beiden Schweizer Reformatoren in dem Luthermonumente auch ein Ausdruck gegeben worden.*
Bekanntlich haben auch Lutheraner und Reformirte mit gleichem Eifer und gleicher Freude an der Errichtung des Monumentes und an der Eröffnungsfeier desselben im verflossenen Juni Theil genommen.

Es wäre erfreulich gewesen, wenn sich nicht nur einzelne, wiewohl sehr zahlreiche Katholiken, sondern auch die katholische Kirche als solche wenigstens zu einer gewissen Theilnahme daran bereit hätte finden lassen. Sie hätte fürwahr Ursache genug dazu gehabt, denn auch sie hat der Reformation schon unendlich viel zu verdanken gehabt; die große Mehrheit der selbstdenkenden Laien in ihr sieht das, gerade in Deutschland, überall ein. Doch die Uhr der Zeit ist dazu, scheints, noch nicht genug vorgerückt. Die Hierarchie geht im Augenblick im Gegentheil auf eine Verschärfung der Gegensätze aus; das dießjährige Concil wird voraussichtlich den faktischen Beweis dafür liefern. Wir zweifeln aber nicht daran, das katholische „Volk" wird sich diese Repristination nicht allzu lange mehr gefallen lassen. Es sieht die religiös=kirchlichen Verhältnisse längst nicht mehr so an, wie sie der Verfasser ansieht, als ob nur die römische Kirche „die Kirche" schlechtweg, und der Protestantismus nur eine unberechtigte, häretische und verdammungswürdige Erscheinungsform derselben von vorübergehender Bedeutung wäre. Um

---

*) Wir hätten Calvin und Zwingli noch eine hervorragendere Stellung auf dem Monumente gegeben gewünscht.

von den großen Massen nicht zu reden, die mit dem tridentinischen Kirchenglauben längst zerfallen sind; wer mit aufrichtigen und besonnenen Katholiken zu verkehren Gelegenheit hat, kann es jeden Tag wahrnehmen, daß ihnen aufrichtige und besonnene Protestanten, trotz der verschiedenen Religionsgebräuche und Glaubensanschauungen, so lieb und werth sind, als ihre eigenen Confessionsangehörigen. Nicht nur, daß sie die Protestanten nicht mehr „Ketzer" nennen, selbst das Wort ist allmählich aus dem Sprachgebrauche verschwunden. Bann und Acht, Zurücksetzung und Verfolgung um des Glaubensbekenntnisses willen sind dem verdienten Gerichte der Vergessenheit anheimgefallen.

In dieser Beziehung haben die drei in das Luthermonument aufgenommenen symbolischen Städtefiguren, unter denen der trauernden Magdeburg in künstlerischer Hinsicht unstreitig die Krone gebührt, einem in unserer Zeit bei Katholiken, wie Protestanten gleich lebendig vorhandenen Bewußtsein von einer über den Confessionen stehenden allgemeinen und echten Christlichkeit und Humanität einen herrlichen Ausdruck verliehen. Die protestirende Speyer sagt: Katholiken, wie Protestanten lassen sich den Raub der Gewissens- und Religionsfreiheit durch zufällige Majoritäten oder durch hierarchische Machtsprüche nicht mehr gefallen; Augsburg mit der Friedenspalme, daß sich Katholiken, wie Protestanten nach dem Frieden sehnen, zu dem wir durch Christum Jesum berufen sind; und die, wie Rahel über den Verlust ihrer Kinder, betrübte Magdeburg, daß die größte Schmach auf denjenigen fällt, der den Frieden direkt oder indirekt um des Glaubens und der Religion willen bricht; die edle, trauernde Frauengestalt ist nicht, wie der Verfasser meint, „das Bild der Kirche, die, in Trauer und Schmerz versenkt, über die unselige Glaubensspaltung des 16. Jahrhunderts und deren Folgen klagt," vielmehr ein Bild des christlichen Volkes, welches sich über die Mißhandlungen und Quälereien seiner Hirten beklagt, die es mit dem Worte Gottes weiden sollten, und statt dessen um nichtiger Ursachen willen, wie einst in ihrem Auftrage der Wütherich Tilly gethan, selbst an geheiligter Stätte seine Weiber und Kinder erbarmungslos dem Verderben preisgeben.

Doch wir kommen damit auf die zweite Abtheilung von des Verfassers Schrift, die Kirche und Luthers Glaubensabfall überschrieben, in der er, vom Luthermonumente absehend, auf die Frage: ob Kirche oder Protestantismus? im Allgemeinen eingeht. Wir müssen auch ihr noch einige Ausführungen widmen.

II.

Der Verfasser hat das Wort des Apostels Röm. 9, 3: Ich habe gewünscht, verbannt zu sein von Christo für meine Brüder! zum Motto seiner Schrift erwählt. Hätte er sich damit nur auch die Gesinnung angeeignet, welche diesem herrlichen und tief ergreifenden Worte Pauli zu Grunde gelegen ist, bei der Erkenntniß von der Verblendung Israels als des Volkes Gottes im Allgemeinen die glühende Liebe zu allen einzelnen Seelen desselben! Die Ausfälle und Verunglimpfungen aber, die er im ersten Theil seiner Schrift gegen alle reformatorischen Persönlichkeiten macht, stehen in einem üblen Contraste dazu und lassen es fast wie einen Hohn erscheinen. Im zweiten Theile jedoch, das müssen wir ihm zugestehen, schlägt er hin und wieder einen solchen Ton an, als ob es ihm mit dem in seinem Motto Ausgesprochenen wirklich Ernst wäre, als ob er wirklich das Aeußerste zu erdulden im Stande wäre, wenn er uns Protestanten dadurch zu der „Kirche" zurückführen könnte, die wir vor 300 Jahren verlassen haben. Er versteht es, mit einer warmen und, wir wollen glauben, aufrichtigen Begeisterung von ihrer Größe und Herrlichkeit und von den reichen Gnadenschätzen, die sie ihren Gliedern biete, zu reden; seine Feder ist überaus geschickt, alle Schwächen und Gebrechen, die er an ihr zugestehen muß, in ein möglichst günstiges Licht zu stellen, diejenigen unserer Kirche dagegen als wahrhaft erschreckende und mit den uns zu Gebote stehenden Mitteln in keiner Weise zu heilende darzustellen; er weiß uns alle einzelen Lehren, Ordnungen und Einrichtungen als so gute und treffliche, als so unverfängliche und echt christliche vorzuführen, daß er meint, wir müßten, statt sie zurückzustoßen, vielmehr mit beiden Händen, als dem einzigen Rettungsanker, nach ihnen greifen; mit den beweglichsten Worten ruft er uns endlich zu: kommt doch wieder herüber zu uns! Alles würdet ihr da finden, wonach ihr auf protestantischem Gebiete für das Heil eurer Seelen vergeblich suchet und ringet, das erhabenste, Vernunft und Herz gleichmäßig befriedigende Lehrgebäude des Glaubens, den erhabensten, frömmsten und tiefsinnigsten Gottesdienst, die erhabenste und reinste, ganz vom Geiste Christi erfüllte Sittenlehre. „O, es sind der Adventseelen so viele im Protestantismus, die ein geheimnißvolles Sehnen haben nach dem sichtbaren Reiche Gottes auf Erden, voll der Gnade und Wahrheit, und die alles das, um was sie beten und flehen und wonach sie streben und ringen, nur in der „Kirche" und nur in ihr allein finden können. Möge es Weihnachten werden in ihrer Seele, möge das Licht des Heilandes im vollen Glanze seiner Gnade und Wahrheit aufleuchten in ihrem Geiste und mögen sie erkennen, was ihnen zum Frieden und zum Heile dient, und eingehen in die Kirche des lebendigen Gottes, die allein ist die von dem Weltheiland gegründete Säule und Grundveste der Wahrheit!" (S. 267.)

Wir wollen die in solchen und ähnlichen Worten sich kundgebende wohlmeinende Gesinnung des Verfassers gegen uns nicht verkennen. Wir könnten ihm sogar, obgleich sonst scharf von ihm getrennt, für manche in den zweiten Theil (z. B. auf S. 212 ff.) eingestreute sehr wahren und treffenden Bemerkungen die Hand drücken, wenn er uns nicht durch seine Schmähungen und Geschichtsverdrehungen im ersten Theile allzu sehr gekränkt hätte. Wir müssen ihm aber dennoch, so niederschlagend es auch für ihn sein mag, auf alle seine Vorstellungen und Einladungen mit einem entschiedenen: Non possumus antworten, und zwar vom Standpunkte nicht eines engherzigen Confessionalismus oder des modernen Protestantenvereins, sondern des einfachen, positiv gläubigen Protestantismus. Der Verfasser ist in einem großen Irrthum befangen, wenn er meint, der Protestant könne in seiner Kirchengemeinschaft das nicht finden, was ihm zum Heile seiner Seele erforderlich ist, wenn er den Protestantismus nicht für lebensfähig hält, weil ihm die rechten göttlichen Lebenskräfte zur Erhaltung seines Daseins ermangelten, wenn er im Katholicismus die wahre Gemeinde des lebendigen Gottes, den Pfeiler und die Grundveste der Wahrheit uns anpreisen zu können vermeint.

Erstlich haben wir, wie auf der Rückseite des oberen Würfels des Lutherdenkmales angeschrieben steht: „das Evangelium, welches der Herr den Aposteln in den Mund gelegt hat", und zwar rein und lauter, nicht verfälscht, oder wenigstens oft unrichtig übersetzt, wie es in der Vulgata vorliegt, nicht einmal nur so, wie es uns Luther vor 300 Jahren in die Hand gegeben hat (in diesem Fall hätte das Gerede vom „papiernen Papste" eine gewisse Wahrheit), sondern im heiligen Urtexte, den die freie, vorurtheilslose Wissenschaft immer reiner und sorgfältiger herzustellen und in ihrem rechten Sinne auszulegen bemüht ist. Wir haben die Bibel; sie darf, sie soll bei uns von jedem Einzelnen ungehindert gelesen werden; sie wird bei uns in Haus, Schule und Kirche betrachtet, gelehrt und ausgelegt nach dem

Maße des Verständnisses und der Gewissenhaftigkeit, das einem jeden Hausvater, Religionslehrer und Prediger gegeben ist; sie ist bei uns als die oberste und einzige Regel und Richtschnur des Glaubens und Lebens in unserer Kirche anerkannt. Wir wissen von dieser Bibel freilich, so gut, wie der Verfasser, daß sie, gleich allem Heiligen, auch dem Mißbrauche unterworfen ist, und bei der unbeschränkten Forschung im Protestantismus thatsächlich mehr gemißbraucht wird, als in seiner Kirche, wo man sie den Laien mit sieben Siegeln verschließt, oder gar zu verbrennen gebietet, wie auch noch in unserer Zeit hin und wieder gehört werden muß. Wir wissen aber auch, die Erfahrung hat es uns gelehrt und bestätigt es täglich, das lebendige Gotteswort der heiligen Schrift verliert nichts von seinem Werth, was auch die Menschen für einen Gebrauch davon machen, ob sie, wie die Bienen, aus den Blumen Honig, oder, wie die Spinnen, Gift daraus saugen, es ist das Schwert des Geistes, das seine Schneide gegen denjenigen selbst kehrt, der es gegen seine ewige und felsenfeste Wahrheit kehren will. Seit die Bibelgesellschaften ihre großartige Thätigkeit zu entfalten begonnen haben, fehlt die Bibel wohl in keinem protestantischen Hause mehr und wird auch zu allen fernen Völkern hingetragen. Glaubt der Verfasser im Ernste, daß der protestantische Hausvater oft seinen letzten Gulden für eine Bibel hingibt, um einen „todten Buchstaben" im Hause zu haben, oder daß die protestantischen Bibel- und Missionsgesellschaften den fernen Völkern mit der in ihre verschiedenen Sprachen übersetzten Bibel einen „todten" Schatz in die Hände geben? Der Vergleich zwischen den in den letzten Jahrhunderten mit und ohne die Bibel zum Christenthum bekehrten heidnischen Völkerschaften wird ihn Lügen strafen, und jeder protestantische Hausvater, der die Bibel ob viel oder wenig liest oder lesen läßt, wird ihm, auf sein Gewissen befragt, von segensreichen Wirkungen derselben zu erzählen wissen. Denn sie ist in Wahrheit ein Blitz oder, besser gesagt, ein himmlisches Feuer, welches überall, wo seine Strahlen hindringen, Licht, Wärme und Leben erzeugt.

Er entgegnet uns: die Autorität dieser Bibel aber ist bei so vielen und zum Theil in hervorragenden Stellungen stehenden Protestanten über Bord geworfen, ihre Wunder und Weissagungen werden geläugnet, ihre Glaubwürdigkeit wird in Frage gestellt und, was ihren Hauptinhalt ausmacht, die Offenbarung Gottes in seinem eingeborenen Sohn für Fabel und Mährlein erklärt! Das ist wahr und wird auch von jedem wahren Protestanten tief beklagt; das Beklagenswertheste ist, daß solche Leute ihre der Bibelwahrheit schnurstracks zuwiderlaufenden Meinungen und Ansichten nicht nur auf dem öffentlichen Markte des Lebens, sondern sogar auf den Kanzeln feilzubieten und als die wahre Weisheit anzupreisen wagen. Wir möchten ihn aber fragen, hat das Gift des Unglaubens unserer Zeit seine eigene Kirche trotz Tridentinum, Syllabus und Encyklika nicht in noch viel größerem Maße angefressen, als es bei der unsrigen der Fall ist? Ist nicht die Revolution von 1789 unter einem fast ausschließlich katholischen Volke ausgebrochen? Ist nicht einem Renan gerade von katholischer Seite am meisten zugejauchzt worden, während sich das protestantische Bewußtsein mit verhältnißmäßig wenig Ausnahmen überall gegen die grundstürzenden Tendenzen eines Strauß und Anderer mit großer Energie geregt hat?

Er entgegnet uns ferner, daß der protestantischen Kirche überhaupt der archimedische Punkt fehle, von dem aus sie den verheerenden und entchristlichenden Wirkungen der Freigeisterei und des Unglaubens mit Erfolg entgegentreten könne, da die Bibel viel zu vag, unbestimmt, unklar und zweideutig sei, als daß sie allein den heranbrausenden Wogen des Unglaubens einen schützenden Damm entgegenzusetzen vermöchte; dazu müsse man nothwendigerweise die ihren Inhalt klar und bestimmt in unabänderlichen Dogmen feststellende Tradition der Kirche zu Hülfe nehmen. Darauf erwiedern wir einfach mit den Worten des auch in Worms gesungenen Lutherliedes: „Das Wort sie sollen lassen stahn und kein' Dank dazu haben"; hat sich die protestantische Kirche seit mehr als 300 Jahren schon mit ihrem Stehen auf der „Bibel allein" stark genug gezeigt, nicht nur den dreißigjährigen Krieg, sondern auch alle möglichen anderen Angriffe von außen und innen zu bestehen — und sie ist aus jedem Angriffe, wie der Phönix aus der Asche, neu verjüngt wieder hervorgegangen — so haben wir die feste Glaubenszuversicht, auf die klaren und bestimmten Verheißungen des Herrn gegründet, daß sein heiliges Wort und dieß allein auch für alle Zukunft unsere gute Wehr und Waffe ist, mit der wir alle Feinde nach rechts und links siegreich bekämpfen werden. Wir wissen freilich und es steht ja auch am Luthermonumente angeschrieben: „die Schrift recht zu verstehen, dazu gehört der Geist Christi". Läßt sich dieser Geist aber in Fesseln schlagen? Ist er an bestimmte Personen und Zeiten gebunden? Wirkt er nicht, wann und wo er will? Die katholische

Kirche hat sich von jeher die Prärogative herausgenommen, im Alleinbesitze dieses Geistes zu sein. Ist die Geschichte aber nicht längst über diese Anmaßung zu Gerichte gesessen? Hat sie uns nicht, wer weiß, wie oft schon, den Beweis geliefert, daß man in Consistorien und Concilien, angeblich im Geiste Christi die dem Evangelium widersprechendsten Lehren sanctionirt, ja, um nur an Constanz zu erinnern, die schmachvollsten und schändlichsten Thaten beschlossen hat? Es wird auf protestantischer Seite mit dem Verstehen der Schrift im Geiste auch viel Mißbrauch getrieben, an die Stelle des Geistes Christi der Herren eigener Geist gesetzt und mit Emphase werden die Resultate ihrer Forschungen angeblich im Namen der Wissenschaft als untrügliche Wahrheiten ausposaunt. Der Verfasser möge uns aber nur einen einzigen Fall nennen, wo in der protestantischen Kirche eine offenbar schriftwidrige Lehre zur allgemeinen Anerkennung gelangt ist, wie das in seiner Kirche mit einer ganzen Reihe solcher (Anrufung der Maria und der Heiligen, unbefleckte Empfängniß der Maria, Primat des Petrus, Fegfeuer, Meßopfer u. s. w) notorisch der Fall ist! Er wird es nicht im Stande sein, er wird zugeben müssen, daß, wenn auch zu dieser oder jener Zeit in dieser oder jener Einzelkirche einmal wirklich schriftwidrige Lehren oder Einrichtungen Geltung erlangt haben, der freie, protestantische Geist solche Auswüchse wieder beseitigt hat und aus solchen Geisteskämpfen, wie die älteste Kirche aus dem Kampfe mit den Häretikern, zu immer reinerem und geläutererem Verständniß der Schrift hindurchgedrungen ist. Wir haben das Vertrauen, daß dieß auch für alle Zukunft so geschehen wird, und fürchten uns darum vor der freien Schriftforschung nicht im mindesten. Gottes Wort bleibt doch ewig stehen, und das Recht der freien Schriftforschung für Jedermann ist ja von dem Herrn selbst dadurch sanctionirt, daß er sein Evangelium nicht, wie Muhammed, in einen Gesetzescodex, sondern in einem Complexe verschiedener Gelegenheitsschriften hat niederlegen lassen. Doch genug davon! Wir wissen, daß wir mit der Schrift auf einem soliden Fundamente stehen, und wir sind nicht gewillt, diesen Fels mit dem Sande der Tradition zu vertauschen, Matth. 7, 24—27.

Wir werden uns ebenso wenig dazu verstehen können, von jenem andern Lutherworte zur Rechten seiner Statue etwas nachzulassen: „**Der Glaube ist nichts anders, denn das rechte, wahrhaftige Leben in Gott selbst.**" Der Verfasser meint zwar, ob man es im Sinne Luthers und der lutherischen Rechtfertigunslehre fasse, oder im Sinn jener modernen Protestanten, denen es nur darauf ankommt, "daß man recht lebe, d. h. ein anständiges und legales Leben führt, wenn man auch im Uebrigen um Glaube und Religion so gut wie gar nichts sich kümmert", in beiden Fällen drücke es einen unwahren und unrichtigen Gedanken aus. Wir müssen ihn hier eines zweiten großen Irrthums zeihen und in diesem Falle eines solchen, der ihm als "Theologe" nicht hätte vorkommen sollen.

Zuvor aber müssen wir ihn darüber belehren, was er übrigens schon aus dem Wortlaut selbst hätte wissen können, daß weder die Begründer, noch die Festredner des Luthermonumentes diese Inschrift in dem zweiten von ihm angegebenen Sinn aufgefaßt haben; wo von einem "Leben in Gott", da ist auch von Glaube und Religion und nicht blos von einem anständigen und legalen Leben die Rede. Der Protestantismus unserer Tage hat diese Inschrift im Sinne Luthers gemacht (vgl. Eich, Gedenkbl. S. 119 ff.) Luther aber sollte damit etwas Unwahres und Unrichtiges ausgesprochen haben! Es sollte "erst dann einen vernünftigen und richtigen Sinn bekommen, wenn man es auf Grund der heiligen Schrift im Sinn des katholischen Dogma interpretirt." Als ob die Apostel in ihrer Predigt jemals die fides, quae, und nicht die fides, qua creditur, als Bedingung zur Aufnahme in das Reich Gottes und Christi aufgestellt hätten! Als ob jedem Einzelen zugemuthet werden könnte, die ganze Summe der Lehrsätze des Christenthums, wie sie die Theologie aufstellt, im Kopfe und begrifflich verstanden zu haben, oder wenn er dieß nicht kann, ungeprüft, weil sie von der Kirche so aufgestellt worden sind, anzunehmen und für wahr zu halten! Als ob ein solches Fürwahrhalten oder Wissen mit dem Kopfe dem Herzen wirklich Trost und Frieden gäbe und Kraft zu einem gottseligen Leben in aller Ehrbarkeit! Daß die katholische Lehre dieß behauptet und einen solchen Glauben als Bedingung der Zugehörigkeit zum Reiche Gottes fordert, darin besteht ihr größter und folgenschwerster Irrthum, und daß sie daran trotz aller Gegenvorstellungen festhält, das ist die Hauptursache, warum wir sie als eine irrige und falsche zurückweisen, gegen sie protestiren müssen, die Hauptursache der Glaubensspaltung des 16. Jahrhunderts.

Es ist nicht nöthig, dem Verfasser auseinanderzusetzen, was der Glaube im reformatorischen Sinn bedeutet, er bezeichnet ihn selbst

(S. 99) ganz richtig als „das feste und unerschütterliche Vertrauen, die feste und zweifellose Gewißheit eines Menschen, daß ihm um der Verdienste Jesu Christi willen seine Sünden von Gott verziehen seien und daß er damit auch wirklich und unfehlbar das ernste und wahrhaftige Leben in Gott besitze, d. h. vor Gott als ein vom Tode der Sünde Erweckter und Gerechtfertigter erscheine und in seinem Glauben das sichere und untrügliche Unterpfand des ewigen Lebens in Gott besitze." Wir fragen ihn aber, stimmt diese Definition nicht haarscharf mit den Aussagen des Apostels Paulus, besonders im Römer- und Galaterbrief, überein? Und wenn, sollte der große Heidenapostel nicht erleuchtet genug gewesen sein, in diesem Glauben den Christengemeinden gerade das rechte und sich in allen Fällen bewährende Heilmittel zur Seligkeit anzugeben? Es ruht auf der doppelten Voraussetzung, daß wir Menschen von Natur Sünder sind und nimmermehr aus eigner Kraft die Gerechtigkeit leisten können, welche vor Gott gilt, daß uns aber in Christo Jesu Gottes erbarmende Vaterliebe auf eine solche Weise geoffenbart ist, daß, wer diese nur erkennen und ergreifen will, wie sie ihm im Evangelium dargeboten wird, durch die Gnade des Gekreuzigten und Auferstandenen Rettung und Heilung von seinem Seelenschaden findet. Kann es begründetere Wahrheiten geben, als diese sind? Die erstere kann nur läugnen, wer sich selbst nicht kennt; sie hebt auch die menschliche Freiheit durchaus nicht auf, wie der Verfasser meint, noch macht sie ihn zum Stock und Stein, wie man sich früher in grasser Weise ausgedrückt hat, sie demüthigt den Menschen nur und sagt ihm, was gerade Luther erfahren hat und in der heiligen Schrift übereinstimmend in all ihren Büchern auf's unwidersprechlichste gelehrt wird, daß er durch Gottes Gnade allein ist, was er ist, daß der Herr allein durch seinen Geist das Wollen und Vollbringen alles Guten in uns wirkt, daß wir zu ihm, unserem Schöpfer und Erlöser, in einem solchen absoluten Abhängigkeitsverhältnisse stehen, daß wir außer ihm und ohne ihn nichts wahrhaft Gutes und Gerechtes vollbringen, mit ihm aber und in der Gemeinschaft seiner Liebe und seines Lebens nach dem Maße der kreatürlichen Schwachheit und Unvollkommenheit gute Früchte bringende Bäume werden können. Steht es aber so, sollte dann der Herr dem Nikodemus nicht den rechten Weg gezeigt haben, wenn er ihm zur Erlangung der Gerechtigkeit und Seligkeit des Reiches Gottes nicht das Fürwahrhalten einer Summe von Lehrsätzen, oder das Beobachten dieser oder jener Ceremonie, sondern einfach das als Bedingung angegeben hat: Es sei denn, daß Jemand von neuem, aus Wasser und Geist geboren werde, kann er das Reich Gottes nicht sehen? Gewiß! Zur Heilung des Schadens der Seele reicht keine menschliche Kraft und Macht aus, sondern allein die Allmacht und Kraft der göttlichen Gnade, wie deren Kundwerbung in Christo Jesu auch allein die Regeneration des Menschengeschlechts im Allgemeinen zu Stande gebracht hat. Wem aber diese Gnade gegeben wird, nun, darüber ist uns in demselben Evangelium von der Unterredung Jesu mit Nicodemus (das, nebenbei bemerkt, auf katholischen Kanzeln und in katholischen Schriften nur gar selten angezogen wird) klar und deutlich Aufschluß ertheilt; sie ist nicht an Anstalten und Einrichtungen gebunden, sie kann nicht durch bestimmte Opfer und Werke erzwungen werden (als ob Gott nicht zum Vater haben könnte, wer, wie Hus einst, die Kirche nicht zur Mutter hat, als ob Gott seine Gnade unter menschliche Dispensatoren gestellt hätte und er einen Saulus nicht auch ohne solche hätte berufen können, als ob es dazu bestimmter Gebete, Fasten, Opfer, Indulgenzen und dgl. bedürfte), denn „der Wind bläset, wo er will"; aber das ist nach Joh. 3, 14 ff. gewiß, gegeben wird sie dem, welcher glaubt, welcher Glauben hat und bewahrt an Jesum, den eingebornen Sohn Gottes. Es wird nichts mehr und nichts weniger verlangt, als dies, und wer diesen Glauben hat, der hat auch das ewige Leben, der ist dem Gericht entronnen, der wandelt im Licht, der überwindet die Welt, dem ist die Thür des Himmelreichs aufgethan. Er ist nicht ohne Sünde, weil nur Einer ohne Sünde war auf Erden, aber er nimmt im Glauben und durch die denselben erhaltenden und stärkenden Mittel von Wort und Sakrament, von Gebet und treuer Arbeit im Weinberge des Herrn aus der Fülle Christi täglich Gnade um Gnade.

Warum hat die katholische Kirche diesen einfachen uud nach den Verheißungen des Herrn, wie nach achtzehnhundertjähriger Erfahrung doch so beseligenden Heilsweg verlassen und die krummen Wege pharisäischer Satzungen und Menschengebote dafür erwählt? Warum hat sie statt des sanften Joches und der leichten Last Christi und seiner Apostel der Christenheit von neuem ein unerträgliches jüdisches Gesetz mit tödtenden Satzungen und Geboten auferlegt? Es ist ja doch z. B. wahrhaft geisttödtend, wenn arme katholische Christen in wahrhaft bejammernswerther Unwissenheit, um für diese oder jene Sünde Vergebung zu erlangen, Hunderte von Paternostern und Avemaria's beten, nein, herplappern müssen! Wir wissen, warum es so geschehen ist und noch geschieht: Act. 8, 18 ff. Luk. 11, 43 ff. geben uns Aufschluß darüber, die Geschichte der Hierarchie hat es uns noch deutlicher gezeigt. Besonders unser deutsches Vaterland hat es erfahren müssen; ihm ist von Rom aus im Mittelalter ein Joch, eine Gewaltherrschaft, eine seine ganze Lebenskraft verzehrende Tyrannei auferlegt worden, wie sie ärger und schrecklicher noch niemals von einem Eroberer einem Lande auferlegt worden ist. Und nach dieser Geistes- und Leibesknechtschaft, muthet uns der „deutsche Theologe" zu, sollten wir uns wieder zurücksehnen! Nein, einer solchen undeutschen Zumuthung gegenüber sprechen wir vielmehr mit dem Psalmisten: Gelobet sei der Herr, daß unsere Seele entronnen ist, wie ein Vogel dem Strick des Voglers; der Strick ist zerrissen, und wir sind los!

Als solche haben wir nun freilich, mit unsern 80 Millionen über den ganzen Weltkreis zerstreut und in viele einzele Kirchengemeinschaften und Denominatonen getrennt, keinen durch ein äußerliches Einheitsband zusammengehaltenen, in allen seinen Theilen wohlgegliederten großartigen sichtbaren Kirchenorganismus, für den sich ein Novalis, wie für sein Abbild, den gothischen Dom des Mittelalters, begeistern kann. Der Verfasser ist aber in einem dritten großen Irrthum befangen, wenn er meint, Christus oder die Apostel hätten einen solchen gründen wollen, der einzelne Christ habe ein Bedürfniß danach und das Christenthum könne ohne ihn seine große Aufgabe in der Welt nicht ausrichten. Christus habe gesagt: mein Reich ist nicht von dieser Welt, und habe mit diesem einen Worte selbst, wenn er gegen den Primat Petri sonst nichts einzuwenden gehabt hätte, zum mindesten über die weltliche Herrschaft des Papstes ein absolutes Verdammungsurtheil ausgesprochen; — sie wird auch fallen, bevor dies Jahrhundert vergeht. Die Apostel reden von der Kirche als einer Behausung Gottes im Geiste, einem geistlichen Hause, der Gemeinde der Erstgebornen, die im Himmel angeschrieben sind, dem heiligen Volke, dem Volke des Eigenthums, das da nicht weltlich herrschen und regieren, sondern verkündigen soll die Tugenden deß, der sie berufen hat von der Finsterniß zu seinem wunderbaren Lichte, — lauter Ausdrücke, die auf ein geistlich unsichtbares und nicht auf ein weltlich-sichtbares Reich der Gerechtigkeit, des Friedens und der Freude im heiligen Geiste hinweisen. Daß es für den

Einzelnen kein unabweisliches Bedürfniß ist, mit einer ungeheuren Menge oder mit der gesammten Christenheit in einer vollkommen, auf alles Einzelne, am Ende gar noch auf die (lateinische) Sprache sich erstreckenden Zusammengehörigkeit und Einigkeit zu stehen, um Gott im Geiste und in der Wahrheit anzubeten, werden wir wohl nicht zu beweisen haben. Es ist ja freilich ein erhebendes Gefühl, in der großen Gemeinde dem Herrn zu danken und unter viel Volk ihn zu rühmen, Ps. 35, 18; eine Kohle zündet die andere an; es war ein feierlicher und tief ergreifender, zur heiligsten Andacht stimmender Moment, als am 25. Juni des verflossenen Jahres von vielleicht 20,000 Festtheilnehmern das herrliche Lutherlied: „Eine feste Burg ist unser Gott" vor seinem unmittelbar zuvor verhüllten Monumente gesungen wurde; wir wollen nicht zweifeln, daß der Verfasser, wenn er zu dem Concil von Rom pilgern wird, in seiner Art auch von erhebenden Gefühlen durchdrungen werden wird. Der Herr ist aber auch allen Einzelnen nahe, die ihn anrufen, und wo auch nur zwei oder drei versammelt und in seinem Namen, mitten unter ihnen.

Sollte aber die Christenheit im Allgemeinen durchaus in der Gestalt eines ökumenischen, einheitlichen, sichtbaren Kirchenorganismus verfaßt sein müssen, um ihre große Aufgabe in und an der Welt ausrichten zu können? Wir wollen nicht läugnen, daß die katholische Kirche, als sie in Wahrheit noch die ökumenische und bevor die große erst zur Trennung des Morgen- und Abendlandes, dann zur Spaltung durch die Reformation führende Corruption in sie eingedrungen war, ihre Aufgabe in und an der Welt auch erkannt und nach dem Bedürfnisse und dem Bildungsstande jener Zeit auch erfüllt hat. Wir Protestanten verschließen unsere Augen nicht vor dem Großen, was in der Zeit der Völkerwanderung und später noch durch das Papstthum und die Hierarchie für die Christianisirung und Cultivirung der Völker in Europa und zum Schutze des Christenthums gegen das Heidenthum und den Islam ausgerichtet worden ist. Wir schätzen die Männer, die sich darin ausgezeichnet haben, und nicht nur die Kirchenväter, sondern auch einen Bonifacius, Alcuin, Bernhard von Clairvaux u. A. so hoch, als die Katholiken, wenn wir es auch nicht für Recht erkennen, sie „heilig" zu sprechen. Hat der Protestantismus aber, der nun schon eine dreihundertjährige Geschichte hinter sich hat, trotzdem, daß er kein geschlossener sichtbarer Kirchenorganismus ist, nicht eine ebenso große, ja wohl noch eine viel größere Mission in und an der Welt erfüllt? Daß ihm auf dem Gebiete der Wissenschaft die Palme gebührt, ist außer Frage, desgleichen, daß die vorwiegend protestantischen Staaten die eigentlichen Culturstaaten der Welt sind, während die fast ausschließlich katholischen Staaten in dieser Beziehung weit zurückstehen. Thut er seine Pflicht nicht in der Fürsorge, Pflege und Sammlung seiner Glaubensangehörigen? Wir sollten glauben, von seiner eifrigen Fürsorge für die Predigt des Evangeliums und den Unterricht der Jugend und von den tausend und aber tausend in seinem Schooße entstandenen Liebesanstalten und Vereinsthätigkeiten aller Art abgesehen, sollte schon der einzige Gustav-Adolfs-Verein hinreichend sein, das Gegentheil zu beweisen. Thut er nichts für die immer allgemeinere Verbreitung christlicher Erkenntniß? In Millionen und aber Millionen von Exemplaren verbreitet er die Bibel, die reine und lautere Quelle christlicher Erkenntniß, und fast jedes Jahr wird dieselbe in eine neue Sprache der Welt übersetzt. Bemüht er sich nicht aufs angelegentlichste um die Ausbreitung des Christenthums unter den nichtchristlichen Völkern? In der unermüdlichen Thätigkeit von etwa einem halben Hundert Missionsgesellschaften und den durch sie gewonnenen und aller Welt bekannten Resultaten liegt der unwidersprechliche Beweis dafür vor. Kümmert er sich nichts um die Pflege der Kunst? Wir meinen, für das Gegentheil zeugt, von Anderem abgesehen, unser reicher und wahrhaft unübertrefflicher Liederschatz, die große Zahl der protestantischen Dichter, Shakespeare obenan, und eben das in Worms errichtete Lutherdenkmal, bei dem der Verfasser selbst, so sehr er sich im Ganzen daran stößt, doch wenigstens den Hauptfiguren das Zeugniß geben muß, daß sie künstlerisch vollendet sind. Daß unsere Kirchenverfassungen zum Theil mangelhaft sind, können wir ihm zugestehen, diejenige seiner Kirche aber hat von je her an viel ärgeren Gebrechen gelitten. Der Vorwurf endlich, daß es in unsern Gemeinden an Zucht und Sitte mehr fehle, als in den katholischen, weil die Sola Fides-Lehre zur fleischlichen Freiheit und Zügellosigkeit führe, müssen wir einfach als einen unwahren bezeichnen. „Wir sind frei, nicht nach dem Fleisch, sondern nach dem Gewissen." —

„Kirche oder Protestantismus?" hat der Verfasser gefragt. Die Wagschale ist in der Beantwortung dieser Frage bei ihm auf die Seite der ersteren, bei uns auf die Seite des letzteren gefallen. Er wird uns vielleicht sagen, wir kennen das Große und Herrliche seiner Kirche nicht, weil wir in ihr nicht gelebt haben. Mag sein, daß sich dessen vor dem Auge des Allsehenden mehr darin findet, als wir außerhalb Stehende wissen; es könnte uns nur von Herzen freuen. Daß er aber das wahre Wesen und den inneren Werth des Protestantismus nicht kennt und darum auch ein völlig parteiisches falsches Urtheil über ihn, wie über das Luthermonument gefällt hat, glauben wir in Obigem, wenigstens andeutungsweise, gezeigt zu haben. Daß wir ihm mit Schärfe begegnen mußten, hat er lediglich der Schärfe seiner eignen Angriffe zu verdanken. Möge er bei dem verbleiben, was er überkommen hat, wenn er es vor seinem Gewissen verantworten kann. Wir laden ihn nicht zu uns herüber, der Protestantismus gibt sich nicht mit jesuitischer Propaganda ab, zur Fahne der Freiheit haltend, nimmt er nur Freiwillige auf. Wir aber bleiben in dem, was wir gelernt haben und uns vertrauet ist, weil wir wissen, von wem wir es gelernt haben, und weil wir von Kind auf die heilige Schrift wissen, die uns unterweisen kann zur Seligkeit durch den Glauben an Jesum Christum, II Tim. 3, 14—15. Auch zeigte uns das Luthermonument von neuem wieder, daß der Protestantismus eine Macht in der Welt geworden ist. Ob nicht diejenige Macht, welcher die Zukunft gehört.

II.

Girolamo Savonarola
und
das Lutherdenkmal zu Worms.

Der Provinzial des Predigerordens Dr. th. Pius Maria Rouard de Card sucht in einer französisch geschriebenen, aber auch ins Deutsche übersetzten Schrift: Hier. Savonarola und das Lutherdenkmal in Worms (Berlin bei Jansen 1868, 68 S.) den Nachweis zu liefern, „daß die Statue Savonarola's auf dem in Worms zu Ehren Luther's errichteten Denkmal ein Unsinn ist" und „daß die protestantische Reform den Namen Savonarola's unter keinem Titel in Anspruch nehmen kann." Eine ähnliche Behauptung findet sich in dem in der Allgemeinen Kirchenzeitung neulich besprochenen Mainzer Buche: das Luthermonument im Lichte der Wahrheit u. s. w., und wird, so viel uns bekannt ist, in vielen katholischen Blättern und Zeitschriften als unumstößliche Wahrheit nachgesprochen.

Wir halten es für unsere Pflicht, in Nachfolgendem die Grundlosigkeit dieser Behauptung darzuthun, und thun dieß um so lieber, als wir damit die Anzeige einer neuestens erschienenen und nach Inhalt wie Form gleich empfehlenswerthen Biographie des berühmten Florentiners verbinden können; wir meinen: die Geschichte Girolamo Savonarola's und seiner Zeit, nach neuen Quellen dargestellt von Pasquale Villari; unter Mitwirkung des Verfassers aus dem Italienischen übersetzt von Moritz Berduschek. (Leipzig bei Brockhaus, 1868, 2 Bde., XXVIII u. 307, VIII u. 368 S.)

Auf die Bedeutung dieses Werkes hat schon im Jahr 1861 Dr. K. Hase in seinen „Neuen Propheten", H. II., S. 127 f. hingewiesen, als er damals in Mailand den ersten Band desselben vorfand.

Wir können unseren Lesern mittheilen, daß der Verfasser, dermalen Professor an dem Istituto di Studi Superiori zu Florenz, ein in Italien hochangesehener Historiker und Philosoph ist und sich auch auf dem Gebiete des Unterrichtswesens, zu dessen Studium er im Jahre 1865 verschiedene deutsche und besonders preußische Schulen besuchte, rühmlichst ausgezeichnet hat. An seiner Geschichte Savonarola's hat er mehr als zehn Jahre hindurch gearbeitet und alles Gedruckte und Ungedruckte verglichen, was zur Charakteristik seiner Person und seines Wirkens dienen konnte. Er kennt den Spott und den Haß, mit dem ihn Bayle in seinem Dictionnaire und der Jesuite Rastrelli in seiner Vita del Padre Gir. Savonarola (Genf 1781) behandelt haben. Er hat die vier zur Vertheidigung seines Ordensbruders geschriebenen Bücher des Dominikaners Barfanti (Livorno 1782) gelesen; beßgleichen die zuerst eine unparteiische Beurtheilung Savonarola's anbahnende und ein zusammenhängendes theologisches System desselben bietende Schrift Rudelbach's (H. Sav. und seine Zeit, Hamb. 1835), die auf langen und mühsamen Forschungen in den Bibliotheken von Florenz und Venedig ruhende Biographie von Karl Meier (Berlin 1836), die begeisterte Lobrede des Padre von San-Marco Vincenzo Marchese (Florenz 1855), das umfangreiche und höchst verdienstvolle Werk von F. T. Perrens: Jérôme Savonarole, sa vie, ses prédications, ses écrits (Paris 1853), Lenau's Gedichte „voll poetischer Kraft und Wahrheit", Hase's populäres und geistvolles Lebensbild u. A. Er hat sich mit allen, meist ungedruckten gleichzeitigen Biographieen und Notizen über Savonarola vertraut gemacht, insbesondere denjenigen des Padre Pacifico Burlomacchi, des Grafen Giovan Francesco Pico della Mirandola (Neffen des berühmten Philosophen) und der Mönche Marco della Casa, Placido Ciuozzi, Serafino Razzi. Es dürften kaum noch irgendwelche Schriften und Documente von oder über ihn aufgefunden werden, welche Villari nicht gekannt und benutzt hätte; waren ihm doch vermöge seiner hervorragenden Stellung alle Bibliotheken, Klöster und Archive zugänglich gemacht, und er hat auch nicht Mühe und Fleiß gespart, mit allen Kräften sie auszubeuten. Dazu ist sein Stil fließend und ansprechend, seine Darstellungsweise eine lebendige und anschauliche, die Stoffordnung zwar lediglich dem historischen Gange der Lebensereignisse Savonarola's folgend (B. I. vom Jahre 1452—1494, B. II. vom J. 1494—1495, B. III. vom J. 1495—1497, B. IV. vom J. 1497—1498),

doch aber ganz sachgemäß und zweckentsprechend. Es wäre nur zu
wünschen gewesen, daß der Verfasser den theologischen Inhalt der Schrif=
ten Savonarola's noch ausführlicher, als er gethan, in seine Darstel=
lung aufgenommen und demselben noch einige besondere Kapitel gewid=
met hätte. Wir haben es bei seinem Buche sonach mit einem allen
Anforderungen der Wissenschaft in hohem Grade entsprechenden Ge=
schichtswerke zu thun; und das um so mehr, als er nicht nur bekennt,
sondern auch durch die That zeigt, daß er dasselbe „nicht im Interesse
einer politischen Partei, nicht um Rom anzugreifen oder zu vertheidigen"
geschrieben hat, sondern lediglich, um darzuthun, „daß der Name Sa=
vonarola's einer der glänzendsten ist in der edeln Schaar der Denker,
Heroen und Märtyrer Italiens."

Wird diese Biographie nun für die Ansicht derjenigen zeugen,
welche ihn seit Luther und Flacius bis auf unsere Tage unter die Vor=
reformatoren aufgenommen haben, oder aber für den Schlußsatz der
Schrift Rouard de Carb's: „In dem berühmten Gemälde der Disputa,
welches auf Befehl des Papstes Julius II. in den Logen des Vatikans
gemalt wurde, hat Raphael den Savonarola an der Seite des heil.
Thomas von Aquino dargestellt. Ich stelle dieß Hauptwerk des großen
italienischen Künstlers dem Monument Rietschel's entgegen und prote=
stire, unter Hinweis darauf, gegen die Statue Savonarola's zu Worms,
gegen eine Zusammenstellung, welche durch Nichts gerechtfertigt ist und
offenbar aller Wahrheit und Gerechtigkeit Hohn spricht. Diese Prote=
station unterbreite ich getrost allen Männern von Ehre und Gewissen."

Herr De Carb glaubt, nachweisen zu können, daß Savonarola in
seinem Privatleben sich stets als strengen Katholiken erzeigt, in seinem
reformatorischen Wirken lediglich innerhalb der von der katholischen
Kirche für eine solche Thätigkeit erlaubten Gränzen gehalten habe, in
seiner Lehre nicht von den in ihr geltenden Grundsätzen abgewichen und
auch schließlich als guter katholischer Christ gestorben sei.

Prüfen wir in dem Nachfolgenden, wie es sich damit erstens be=
züglich seines Lebens und Wirkens und zweitens bezüglich seiner Lehre
verhält.

I.

Der Sprößling einer alten angesehenen Familie, zu Ferrara am
21. September 1452 geboren, ist Girolamo Savonarola bekanntlich in

seinem 23. Lebensjahre ohne die Einwilligung seiner Aeltern, wie 30 Jahre später Martin Luther, in das Dominikanerkloster zu Bologna eingetreten. Ueber die Beweggründe zu diesem Schritte sind wir, seit theils durch Meier, theils durch Villari die Schrift seines nachmaligen Schülers und Freundes Fra Benedetto: „Vulnera diligentis" und seine eigene erste Schrift: „Von der Verachtung der Welt" aufgefunden worden sind, völlig im Klaren. Seine Aeltern und besonders sein Großvater, ein berühmter Arzt seiner Zeit, wollten ihn bei seinen bedeutenden geistigen Anlagen dem Studium der Medicin widmen und führten ihn als Vorstufe dazu frühe in die aristotelische Philosophie ein. Obgleich er diese Studien mit jugendlicher Begeisterung ergriff und sich bald große Gewandtheit im Disputiren erwarb, so fühlte sich sein tief religiöses Gemüth doch durch das scholastische Formenwesen, mit dem diese Studien damals und bevor durch die Kenntniß der platonischen Schriften neues Leben in sie eingedrungen war, behandelt wurden, wenig genug befriedigt. Auch besaß er nicht Ehrgeiz genug, um nach einer glänzenden weltlichen Stellung zu verlangen; noch weniger konnten ihn die glänzenden Festlichkeiten und Vergnügungen anziehen, womit die Este's das Leben zu Ferrara zu erheitern suchten. Zart gebaut, überaus nervös, in dem flammenden Auge und den geschlossenen Lippen große Charakterfestigkeit, durch ein schwermüthiges Lächeln aber auch Vertrauen erweckende Herzensgüte bekundend, war es seine größte Freude, sich in das Studium der heiligen Schrift, vor Allem der Propheten und des Thomas von Aquino zu vertiefen. Durch Gebete und Fasten suchte er den Frieden zu erringen, dessen sein von einem tief bemüthigenden Sündenbewußtsein zerrissenes Herz bedurfte, und die Kraft, in einer das Bild der größten Verworfenheit von Kirche und Staat ihm bietenden Zeit nicht nur für sich selbst festzustehen, sondern auch laut und kräftig dagegen zu zeugen, wenn ihm Gott Gelegenheit dazu bieten sollte. Er hat diesen Gedanken in einem Gedichte vom Jahre 1472: de ruina mundi Ausdruck verliehen, worin er seine Klage, doch auch seine Hoffnung unter Anderem in folgenden ergreifenden Worten ausspricht:

>„Ich sehe umgestürzt die ganze Welt
>Und hoffnungslos vernichtet
>Jedwede Tugend, jede schöne Sitte;
>Kein lebend Licht find' ich,
>Ja Keinen, der sich seiner Laster schämt.

Glücklich ist der nur, der vom Raube lebt,
Am meisten von des Nächsten Blut sich nährt,
Die Wittwen und die eignen Mündel plündert
Und der die Armen ins Verderben stößt.
Für fein gebildet gilt und lebensklug,
Wer durch Gewalt und List zu siegen weiß,
Christus und Gott verachtet
Und stets nur auf des Nächsten Unheil sinnt.
. . . .
Doch bleibt mir eine Hoffnung,
 Die mich dennoch nicht ganz verzweifeln läßt;
Ich weiß, im andern Leben
 Wird's offenbar, weß Seele edel war
Und ihre Schwingen hob zu höherm Flug."

Einmal schien es, als ob ihm doch noch ein irdisches Lebensglück blühen sollte. Ein Verbannter aus Florenz, von der berühmten Familie der Strozzi, mit seiner natürlichen Tochter kam nach Ferrara neben seine Aeltern zu wohnen. Er faßte eine feurige Liebe zu der schönen Florentinerin und eröffnete ihr voll Glut und Vertrauen sein Herz. Sie wies ihn mit der stolzen Antwort von sich: eine Strozzi kann sich nicht zu einer Verbindung mit einem Savonarola erniedrigen! Nun war sein Herz vollends gebrochen, und man darf sich gewiß nicht wundern, daß ihm in diesem Seelenzustande auf einer Reise nach Faenza im Jahre 1474 die Predigt eines Augustinermönches den unerschütterlichen Entschluß eingab, der Welt gänzlich zu entsagen und nach damaliger Sitte ins Kloster zu treten. Er schreibt seinem Vater darüber am Tage nach seiner Ankunft zu Bologna (25. April 1475): „Was mich bewogen hat, ins Kloster zu gehen, ist das ungeheure Elend der Welt und die Schlechtigkeit der Menschen. Wie oft habe ich darum weinend gesungen: Heu fuge crudeles terras, fuge littus avarum! Denn ich konnte die Bosheit der verblendeten Völker Italiens nicht ertragen, wo ich alle Tugend erloschen und das Laster triumphiren sah. Es war der tiefste Schmerz, den es für mich in dieser Welt geben konnte. Darum bat ich den Herrn Jesum Christum alle Tage, er möchte mich aus diesem Schlamm erlösen, und sandte unablässig aus inbrünstigem Herzen das kurze Gebet zu Gott empor: Thue mir kund den Weg, welchen ich wandeln soll, denn auf dich habe ich meine Seele gerichtet! Und nun es dem Herrn gefallen hat in seiner unendlichen Güte, mich zu erhören, sollte es nicht recht und gut gewesen sein, daß ich dieser elenden Welt entflohen bin?" Solltet Ihr es nicht, statt darüber zu trauern, für eine große Gnade halten, einen Sohn zu haben, der ein Streiter Christi ist? Ich weiß, daß der Herr mich gerufen hat; wahrlich ich hätte nicht das Herz gehabt, seiner sanften und frommen Stimme ungehorsam zu sein u. s. w." Den Mönchen erklärte er, sie sollten ihn zu den niedrigsten Diensten verwenden, er wolle für seine Sünden strenge Buße thun und "nicht blos von Aristoteles in der Welt zu Aristoteles im Kloster übergehen." —

Im Kloster zu Bologna selbst (1475—1482) war er das Musterbild eines streng und fromm nach allen Regeln des Dominikanerordens lebenden Mönches, so daß ihn die katholische Kirche in dieser Beziehung, wie Martin Luther in Erfurt, ganz für sich in Anspruch nehmen kann. Doch müssen wir hervorheben, daß sich während dieser Zeit seine frühere sittliche Entrüstung über die unter den nichtswürdigen Päpsten Paul II. und Sixtus IV. (1464—1484) immer krasser zu Tag tretende Corruption der römischen Kirche aufs höchste gesteigert und in einem schon durch seinen Titel bezeichnenden Gedichte: De ruina ecclesiae einen scharfen Ausdruck gefunden hat. Hier stellt er die Kirche unter dem Bilde einer keuschen Jungfrau vor; er fragt sie: "Wo sind die alten Lehrer und die alten Heiligen, wo die Gelehrsamkeit, die christliche Liebe und die Reinheit der alten Zeit?" Sie führt ihn in eine Höhle und sagt ihm: "Als ich sah, wie stolze Ehrsucht in Rom eindrang und Alles befleckte, da zog ich mich zurück und verschloß mich an diesen Ort, wo ich mein Leben nun in Gram verbringe." Er fragt sie weiter, wer es denn dahin gebracht habe? Sie antwortet mit Beziehung auf Rom: "Eine ränkevolle hochmüthige Dirne." Da ruft der Mönch in seiner einsamen Zelle: "Um Gotteswillen, Jungfrau, könnt' ich doch diese großen Flügel brechen!" und enthüllt damit die großen Entschlüsse, die seine Seele erfüllen und bald zu großen, welterschütternden Thaten reifen sollten.

Man kann auf Grund dieser Thatsache gewiß nicht in Abrede stellen, ein so eifriger und rechtgläubiger Mönch auch Savonarola war, so ist doch schon damals, wie durch seine ganze Jugendzeit hindurch ein reformatorisches und protestantisches Element in ihm nicht zu verkennen. So redet nicht ein Mann, der es etwa nur auf die Abstellung einzelner Gebrechen in der Kirche, sondern auf deren gründliche und vollständige Erneuerung abgesehen, wenn er sich gleich, in dem Gedankenkreis des

Doctor evangelicus gefangen, den Reformbewegungen der Waldenser, der Lollharden und Hussiten nicht anzuschließen vermochte.

Doch ob dieses Urtheil begründet ist, ob Savonarola wirklich den Titel eines Reformators vor der Reformation verdient, das kann uns erst die Betrachtung der sechszehnjährigen öffentlichen Thätigkeit Savonarola's zu Florenz (1482—1498) lehren.

In Folge kriegerischer Ereignisse von seinem Ordensgenerale dahin beordert, wollte es ihm dortselbst anfänglich weder recht wohl werden, noch wollte es ihm gelingen, eine einflußreiche Stellung zu gewinnen. So viel auch der Medicäer Lorenzo der Prächtige damals für den äußeren Glanz und Ruhm des Florentinischen Staates und für die Hebung der Kunst und Wissenschaft that (seinen größten Ruhm hat er sich durch die Anlegung des Gartens von San-Marco, durch werthvolle Manuscriptensammlungen und besonders durch die Förderung der eben erst aufkommenden platonischen Studien durch Marsilio Ficino erworben), so hatte doch seine tyrannische und mit jeder Art von Sittenlosigkeit gepaarte Alleinherrschaft den freien selbständigen Bürgersinn, Sitte und Religion untergraben; die öffentliche Moral war aufs Tiefste gesunken, Religion und Kirche wurde bemitleidet und verachtet; wenn man noch Predigten hören wollte, so waren es solche, wie sie ein gewisser Genazzano in seinen rhetorischen Wendungen und mit Citaten aus Plato und Aristoteles gespickt hielt. Das konnte einen so aufrichtigen und frommen Christen, wie Savonarola war, nur mit dem tiefsten Schmerze erfüllen. Auch in seinem Kloster von San-Marco, das einige Jahrzehnte früher durch den heiligen Antonius einen großen Ruf gehabt, durch seine treffliche Bibliothek (die erste in Italien) und die unvergleichlichen Meisterwerke des Fra Giovanni da Fiesole (Angelico) berühmt geworden, traten ihm keineswegs befriedigende Zustände entgegen; der Zweifel und der Unglaube hatten auch in der stillen Klosterzelle Eingang gefunden. Er predigte schlicht und einfach, ehrlich und gerade, wie es seine Ueberzeugung war, „er machte häufige Ausfälle gegen die Laster und die geringe Religiosität bei Klerus und Laien, sprach geringschätzig von Dichtern und Philosophen, verdammte den unnatürlichen Fanatismus für die Alten und mochte kein anderes Buch citiren, als die Bibel, aus der er alle seine Predigten aufbaute" (Villari 1, 57). Aber in seiner Kirche von San-Lorenzo pflegten sich selten mehr als 25 Zuhörer zusammenzufinden. Doch konnte ihn das nicht irre machen: aus seinem Schmerze über die Corruption der Kirche, der im J. 1484 durch die schändliche Wahl des Papstes Innocenz VIII. noch vermehrt worden war, hatte sich allmählich die unerschütterliche Ueberzeugung bei ihm gebildet, daß er dazu berufen sei, ihr entgegenzutreten und Papst und Kirche zur Buße zu rufen, wie das einst die Propheten des alten Testamentes gethan hatten. Wie er in seinem Verhöre später bekannt hat, glaubte er auch in seinen Gebeten, Andachten und Verzückungen, wie jene, den unmittelbaren Auftrag von Gott selbst dazu in verschiedenen Visionen empfangen zu haben. So schien sich ihm eines Tages, während er mit einer Nonne sprach, der Himmel plötzlich zu öffnen und eine Stimme zuzurufen, daß er das verkündigen solle, was hernach den Hauptinhalt seiner Predigten ausgemacht hat: "die Kirche wird gezüchtigt werden und dann erneuert, und das wird bald geschehen!" Mehrere Jahre hindurch hat er diese Gedanken in Fastenpredigten, die er in verschiedenen Städten der Lombardei, im Jahre 1486 vor Allem in Brescia, zu halten hatte, mit gewaltigem Ernste und großem Feuer der Beredtsamkeit dargelegt und dadurch, wie auch durch eine Disputation mit dem berühmten und ihm von da an innig befreundeten Grafen Pico von Mirandola den ersten Grund zu seinem bald über ganz Italien sich verbreitenden Rufe gelegt.

Nun wurde auch Lorenzo der Prächtige und zwar durch den genannten Pico von Mirandola, auf diesen merkwürdigen Mann aufmerksam gemacht und sprach den Wunsch aus, daß man ihn auch in Florenz predigen und lehren lasse. Er ahnte nicht, was für Folgen dieser Schritt für ihn und sein Haus haben sollte. Unter einem Baume von Damaskusrosen im Klosterhofe von San-Marco (den die Pietät der Mönche bis auf den heutigen Tag immer wieder erneuert hat) begann hierauf Savonarola, von Genua zurückgekehrt, die Offenbarung Johannis zu erklären und deren Weissagungen auf die damaligen Zeitverhältnisse anzuwenden. Der früheren Gleichgültigkeit der Florentiner eingedenk, wollte er sich in keiner Kirche hören lassen. Als sich sein Zuhörerkreis aber von Tag zu Tag mehrte, so ließ er sich endlich auf den 1. August 1490 bewegen, die Kanzel der Klosterkirche zu besteigen. Eine große Menschenmenge hatte die Neugierde um den einst kaum beachteten, jetzt aber durch ganz Italien gefeierten Dominikanermönch zusammengeschaart, und er setzte vor ihr seine Erklärung der Apokalypse fort. Viel größer aber, als sich irgend Jemand denken konnte, war die

Wirkung schon dieser ersten Predigt: mit Mark und Bein erschütternder Stimme und mit der heiligen Begeisterung eines Elias oder Jeremias wußte er den Inhalt seiner Visionen, seine drei berühmten Sätze auf eine so gewaltig überzeugende Weise vorzutragen, daß die ganze Stadt nur von ihm zu reden und selbst die Gelehrten, statt über Plato, über die von ihm angeregten Ideen zu disputiren begannen. Seine Predigten wurden die besuchtesten der ganzen Stadt. In Kurzem vermochte die Klosterkirche die Menge der Zuhörer nicht mehr zu fassen. Er mußte in den Fasten des Jahres 1491 im großen Dom zu Santa Maria del Fiore predigen, und auch dessen Räume waren oft nicht groß genug, die von nah und fern herzuströmenden Schaaren von Andächtigen aufzunehmen. Man kann sich denken, daß sein Eifer und seine Begeisterung durch solche Erfolge immer höher gesteigert und seine Bußrufe, noch bevor er mit eigentlich feindseligen Elementen zu kämpfen hatte, immer schärfer werden mußten; und da er bald einsah, daß es den Florentinern bei dem so lange schon andauernden Mangel wahrhaft gläubiger und treuer Prediger an allen Grundlagen christlicher Erkenntniß gebrach, so verbreitete er sich, um besseren Eingang zu gewinnen, allmählich über alle Gebiete der christlichen Glaubens- und Sittenlehre. Man ersieht dies, wie aus seinen Predigten, so aus einigen von ihm damals veröffentlichten Schriften: über die Demuth, über das Gebet, über die Liebe zu Jesu Christo (welche Schrift mit begeisterten Hymnen von der großen Barmherzigkeit Gottes schließt), über das Leben der Wittwen. Man würde sich ja täuschen, wenn man in ihm nur einen strengen Sittenprediger und Eiferer für das Gesetz und nicht auch einen im evangelischen Geiste durch die Vorhaltung der Barmherzigkeit Gottes und der Liebe Christi positiv aufbauenden Prediger vermuthen würde. Nein, besonders in jener ersten Zeit seines öffentlichen Wirkens hat er es, wie vielleicht Wenige vor und nach ihm, verstanden, wie gegen die Sünde in allen ihren Gestalten und Folgen, so auch von der göttlichen Gnade, der Ergreifung, Erhaltung und Seligkeit derselben zu zeugen. Wäre er auf dieser Bahn geblieben, hätte er sich dabei zu immer reinerer Schrifterkenntniß hinführen und von den Schlacken seines visionären Wesens einer- und seiner Befangenheit in dem äußerlichen Werkdienste seiner Kirche anderseits reinigen lassen, sein Name hätte vielleicht eine andere und viel höhere Bedeutung bekommen, als er jetzt in der Geschichte hat. Es sollte anders kommen und nicht dem

Italiener, sondern dem im Herzen von Europa wohnenden Deutschen die Aufgabe und das Verdienst zukommen, eine Reformation der Kirche von dauerndem Bestande herbeizuführen.

Es ist das tragische Geschick Savonarola's, daß er sich bei einer Aufrichtigkeit und Lauterkeit der Gesinnung, wie sie sich selten findet, bei einem bewunderungswürdigen Eifer für die Reformation der Kirche und bei einer prophetischen Begabung, die wir deshalb für eine ächte erklären müssen, weil seine Weissagungen in Erfüllung gegangen sind, tief und immer tiefer in das Getriebe des politischen Lebens eingelassen hat und eben darin untergehen mußte, weil Christus ein für allemal gesagt hat: Mein Reich ist nicht von dieser Welt!

Im Frühjahr 1491 erscheinen fünf der angesehensten Bürger von Florenz vor ihm, um ihm die Gefahren seiner scharfen Predigtweise darzustellen und ihm Mäßigung anzurathen. Er fällt ihnen rasch ins Wort und sagt: „Ich sehe, daß ihr von Lorenzo geschickt seid, saget ihm, ich fürchte mich nicht vor ihm, er soll Buße thun für seine Sünden, denn der Herr schont keinen und hat keine Furcht vor den Fürsten dieser Erde." Zu jener Zeit sagt er auch, wie völlig glaubwürdige Personen bezeugen, den Tod Lorenzo's, des Papstes und des Königs von Neapel als nahe bevorstehend voraus, Ereignisse, welche in der That bald darauf eingetreten sind. — Im Juli desselben Jahres wird er zum Prior von San-Marco erwählt. Es war bisher Sitte, daß derselbe dem Fürsten seine Huldigung darbrachte; Savonarola konnte sich nicht dazu entschließen. „Ich verdanke meine Wahl nur Gott, sagte er, und ihm allein werde ich Gehorsam erweisen." Er läßt sich weder durch Gunstbezeugungen, noch durch Drohungen von dieser Haltung abbringen. — Im April 1492 kommt Lorenzo dem Tode nahe und kann sich, von Gewissensbissen gefoltert, bei der Absolution, die ihm ein Mönch bereitwillig bietet, nicht beruhigen. Er läßt den Prior von San-Marco zu sich bitten, denn „er ist," sagte er, „der einzige echte Mönch, den ich kenne. — Keiner hat ja den Muth gehabt, mit einem entschiedenen Nein mir zu erwiedern." Savonarola erscheint; Lorenzo bittet besonders für drei schwere Sünden um Absolution; jener ist bereit, sie ihm zu ertheilen: „aber," fügt er hinzu, „drei Dinge sind dazu nothwendig: erstens, ihr müßt einen starken, lebendigen Glauben an die Barmherzigkeit Gottes haben." „Dieser Glaube, antwortete Lorenzo, lebt mächtig in mir."

„Zweitens, Ihr müßt Alles, was Ihr unrechtmäßig genommen habt,

wiedererstatten, oder Euren Söhnen auftragen, es statt Eurer zu thun."
Von dieser Forderung schien Lorenzo überrascht und unangenehm berührt, doch that er sich Gewalt an und gab mit dem Kopfe ein Zeichen der Zustimmung. Da stand Savonarola auf, und während der sterbende Fürst sich furchtsam auf dem Lager zusammenzog, schien die Gestalt des Mönches zu wachsen, indem er sprach: „Zum Letzten: Ihr müßt Florenz die Freiheit wiedergeben." Sein Antlitz war feierlich, seine Stimme furchtbar, seine Augen standen fest und gespannt auf die Züge Lorenzo's gerichtet, um die Antwort zu errathen. Der aber raffte alle Kräfte zusammen, die ihm das Leben noch gelassen, und wandte ihm unwillig den Rücken, ohne ein Wort zu sprechen.

Florenz die Freiheit wieder zu erringen, die ihm die Medici genommen, und durch eine gründliche Glaubens- und Sittenreformation in einen heiligen Gottesstaat (Theocratie) nach alttestamentlichem Vorbilde umzuwandeln, von da aus sodann einen reformatorischen Einfluß auf die ganze Kirche auszuüben, darin sehen wir von nun an das Ziel, welchem Savonarola mit aller dem Italiener eigenen Glut der Begeisterung zusteuert, zu dessen Erreichung er alle seine Kräfte auf eine fast übermenschliche Weise anstrengt.

Nach Lorenzo's Tod fiel die Herrschaft von Florenz zunächst seinem Sohne Piero zu, und dieser scheute sich nicht, das Joch derselben den florentinischen Bürgern auf eine noch härtere Weise aufzulegen, als sein Vater gethan hatte. Jeden Tag zerstörte er ein neues Stück von den äußerlichen Zeichen der Freiheit, die jener sorgfältig unangetastet gelassen hatte, und er verstand es nicht, wie jener, durch ein gewinnendes Benehmen, durch Pflege von Kunst und Wissenschaft, wie durch Staatsklugheit nach außen hin seine Tyrannei erträglich zu machen. Rasch entstand dadurch eine große Unzufriedenheit unter dem Volke, und die Gegner der Medici schaarten sich, als ob sich das gleichsam von selbst verstanden hätte, in immer dichterer Menge um die Kanzel Savonarola's. Er galt für den Prediger und das Haupt der den Medici feindlichen Partei. Piero hat, wie es scheint, ihn darauf hin durch seine Vorgesetzten aus der Stadt entfernen lassen; wir finden ihn wenigstens die Fastenpredigten im Jahre 1493 zu Bologna haltend und dortselbst nur durch seinen kühnen Muth einem durch seinen ungestümen Predigteifer veranlaßten Angriffe auf sein Leben entgehend. Zu diesem scharfen Auftreten hatte ihn außer Anderem ohne Zweifel besonders die im Jahre 1492 erfolgte Papstwahl Alexanders VI angefeuert, des berüchtigten Spaniers Rodrigo Borgia. Als er sodann im Frühjahre 1493 wieder nach Florenz zurückkehrte und dessen traurigen und geknechteten Zustand erkannte, war sein erstes Bestreben darauf gerichtet, um nicht von Neuem wieder nach der Willkür Piero's von Florenz weggeschickt werden zu können, seinem Kloster die in früheren Zeiten besessene Unabhängigkeit von der lombardischen Congregation und die unmittelbare Unterordnung unter den päpstlichen Stuhl wieder zu erringen. Und in unerwarteter Weise gelang ihm dies durch das Zusammentreffen mehrerer günstiger Umstände; Piero selbst mußte zu dieser für ihn so verhängnißvollen Maßregel mitwirken.

Hatte Savonarola früher oft daran gedacht, die menschliche Gesellschaft ganz zu verlassen und auf einem einsamen Berge ein stilles Klausnerleben zu führen, so faßte er jetzt in Folge dieser ihm gewordenen Freiheit der Bewegung ganz andere Pläne. Er gedachte jetzt, vor Allem sein Kloster zu reformiren, und wenn ihm dies gelungen wäre, mit einer Schaar tüchtiger Klosterbrüder auf die ganze Kirche einen erneuernden Einfluß auszuüben, mit ihnen den christlichen Glauben vielleicht sogar in den Orient zu tragen. Und diese kühnen Ideen reiften bei der Energie, mit der sie von ihm verfolgt wurden, schnell zu den größten und folgenreichsten Thaten heran. Indem er das allmählich zu großem Reichthum gelangte Kloster in den Zustand der früheren Armuth zurückversetzte und die Mönche anhielt, durch ihrer Hände Arbeit sich ihren Unterhalt zu verschaffen, damit aber auch ein gründliches Studium der Theologie und besonders der heiligen Schrift, und zwar in den Ursprachen des Griechischen und Hebräischen, zu verbinden, brachte er San-Marco in kürzester Zeit zu solcher Blüthe, daß viele der vornehmsten Bürger die Aufnahme darin nachsuchten, daß die Zahl der Mönche, sich verdreifachend, auf 250 heranwuchs und sich auch eine Reihe benachbarter Klöster ihrer Congregation anschloß.

Sein Ansehen hob sich ungemein, besonders durch die wahrhaft erschütternden Predigten, die er in der Adventszeit 1493 über Psalm 72 (73) und in den Fasten 1494 über die Arche Noah's hielt, die gewaltigsten und besten von ihm. Mit unerhörter Kühnheit geißelt er hier die Verderbniß seiner Zeit, vor allem der Kirche und ihrer Prälaten. „Geh' hin nach Rom, ruft er, und durch die ganze Christenheit: In den Häusern der großen Prälaten und großen Herren treibt man nichts als Poesie, Rhetorik und Astrologie! Ihren Sinn haben sie nur auf die Erde und die irdischen Dinge gerichtet; die Sorge für die Seelen liegt ihnen nicht mehr am Herzen! Aeußerlich hat unsere Kirche bei den geistlichen Funktionen eine Menge schöner Ceremonien, mit herrlichen Gewändern, vielen Bannern, Candelabern von Gold und Silber und eine Menge von Kelchen, daß es eine Pracht ist. Da siehst du jene großen Prälaten mit ihren Mitren von Gold und kostbaren Steinen auf dem Kopfe und mit ihren silbernen Krummstäben. Du siehst sie in ihrem schönen goldgestickten Ornat am Altar, wie sie ihre Vespern und schönen Messen singen, langsam, mit so vielen Ceremonien, so vielen Orgeln und Sängern, daß du staunend dastehst. Du hältst sie natürlich für Männer von großer Würde und Heiligkeit, und glaubst nicht, daß sie irren könnten, sondern was sie sagen und thun, das, meinst du, müßte man beobachten wie das Evangelium. Die Menschen weiden sich an diesen Nichtigkeiten und erfreuen sich an diesen Ceremonien und sagen, die Kirche Jesu Christi habe sich niemals in einem so blühenden Zustande befunden, der göttliche Kultus sei nie so schön ausgeübt worden wie jetzt, und die ersten Prälaten seien nur armselige Prälätchen gewesen gegen unsere heutigen. Sie hatten freilich noch nicht so viele goldnen Mitren und so viele Kelche; im Gegentheil, die wenigen, welche sie hatten, veräußerten sie zur Unterstützung der Armen. Unsere Prälaten dagegen nehmen den Armen ihre Habe, ohne die sie doch nicht leben können, um Kelche daraus zu machen. Aber weißt du, was ich dir sagen will? In der ersten Kirche waren die Kelche von Holz und die Prälaten von Gold; heute hat die Kirche Kelche von Gold und Prälaten von Holz!" — Mit der größten Zuversicht verkündigte er das Herannahen göttlicher Strafgerichte und fordert zum eilenden Eintritte in die Arche des Herrn auf. Als er am 21. September 1494, selbst auf's tiefste erschüttert, vor der Kopf an Kopf gedrängten Menge mit furchtbarer Betonung die Worte ausrief: „Ecce ego adducam aquas super terram," da, erzählt Pico della Mirandola, sei ihm ein Schauder in alle Glieder gefahren und die Haare auf dem Kopfe hätten sich ihm gesträubt.

Diese Prophezeihung hatte damals freilich durch ein politisches Ereigniß, welches auf das ganze Leben und alle fernere Thätigkeit Savonarola's einen entscheidenden Einfluß ausüben sollte, ein besonderes Gewicht erlangt. Fast ganz unerwartet und wie durch die Gerichts-

drohungen Savonarola's herbeigerufen, wälzte sich in jenen Tagen ein
Strom fremder Truppen über die Alpen gegen Italien hin. Von Lud=
wig Moro, dem Usurpator von Mailand, gerufen, hatte der jugendlich
kühne Karl VIII. von Frankreich den ehrgeizigen Plan gefaßt, nach dem
Tode König Ferdinands seine Ansprüche auf Neapel und Sicilien gel=
tend zu machen und dieses Königreich mit Waffengewalt zu erobern.
Der Papst und die meisten italienischen Regierungen, auch Piero von
Medici, stellten sich ihm feindselig entgegen, die Volksparteien dagegen,
des Druckes ihrer Tyrannen längst überdrüssig, erblickten in ihm einen
Retter und Befreier. Und diese Stimmung machte sich besonders in
Florenz geltend, weil hier die Unterbrückung der bürgerlichen Freihei=
ten am vollständigsten stattgefunden und Savonarola so oft schon von
der Ankunft eines „neuen Cyrus" geredet hatte, der dem Volke die
Freiheit wiedergeben werde. Da Piero durch seine feindselige Stellung
gegen die Franzosen den Staat in Gefahr brachte, so bedurfte es nur
einiger kriegerischer Unglücksfälle, und der Groll der Bürgerschaft schlug
in hellen Flammen auf. Am 4. November 1494 faßte die Signoria,
mit den angesehensten Bürgern im Palazzo (dem Regierungspalast) ver=
sammelt, den Beschluß, das Joch der Medici abzuwerfen und die Re=
gierungsgewalt in die Hände des Volkes zu legen. Ohne daß diese
Revolution einen Tropfen Blut gekostet hätte, was offenbar dem besänf=
tigenden Einflusse Savonarola's zuzuschreiben war, wurde Piero ver=
bannt und an Karl VIII. eine Gesandtschaft mit Friedens= und Freund=
schaftserbietungen abgeordnet.

Der Prior von San=Marco wurde selbst mit dazu erwählt, und
er hat von da an durch beinahe vier Jahre hindurch neben den reli=
giösen Zielen, deren Verfolgung er in keiner Weise vernachläßigte, eine
politische Thätigkeit entfaltet, die uns einerseits mit der größten Be=
wunderung erfüllt, andrerseits aber auch im Hinblick auf deren Erfolge
auf's klarste zeigt, wie gefährlich es ist, Religion und Politik miteinan=
der zu vermengen, und wie weislich später die sächsischen Reformatoren
gehandelt haben, wenn sie sich von ähnlichen, ihnen oft genug nahe ge=
legten politischen Unternehmungen consequent fern gehalten und sich
durch das Bestehende revolutionärer politischer Entwürfe weder der
Ritter, noch der Bauern, noch auch der Fürsten haben blenden lassen.

Es gelang Savonarola trotz aller Umtriebe Piero's, mit Karl VIII.
ein Einverständniß zu erzielen, sowie auch durch eine von ihm vorge=

schlagene Verfassungsänderung den durch die Vertreibung der Medici entstandenen Unordnungen zu steuern und der Republik einen Dauer versprechenden geordneten Zustand zu verschaffen. Man darf wohl nicht verschweigen, daß er sich nur mit Widerstreben in dieses politische Treiben eingelassen hat; Thatsache aber ist, daß es doch geschehen ist, daß die neue Staatsverfassung, welche sich die Republik im Jahre 1495 gab, fast ausschließlich nach seinen Ideen und den von ihm ertheilten Rathschlägen eingerichtet wurde, und daß er sich in den zu jener Zeit gehaltenen Predigten hauptsächlich über die leitenden Grundsätze derselben verbreitet hat. Die Grundzüge der von ihm eingerichteten Staatsverfassung waren in kurzem folgende: die oberste Regierungsgewalt lag in den Händen des großen Rathes (Consiglio Maggiore), zu welchem alle dreißigjährigen Cittadini beneficiati gehörten, d. h. die entweder selbst, oder deren Väter, Groß- und Urgroßväter eines der drei höchsten Aemter bekleidet hatten (von 90,000 Seelen damals etwa 3000), doch waren sie in drei je sechs Monate fungirende Sectionen getheilt und bedurften zu jeder Beschlußfassung eine Zweidrittelmehrheit; auch hatten sie sich alle drei Jahre 84 Nichtbenefiziati zu aggregiren; diesem Rathe zur Seite stand ein von ihm erwählter und alle sechs Monate zu erneuernder Rath von 80 wenigstens vierzigjährigen Bürgern (Consiglio degli Ottanta), welcher wöchentlich wenigstens einmal zu versammeln war; die Executive hatte die von einem Zwanziger-Ausschusse auf je zwei Monate zu wählende und aus acht Priori und dem Gonfaloniere di Giustizia bestehende Signoria, welcher zwölf Gonfalonieri delle Compagnie und zwölf sogenannte Buoni Uomini zur Seite standen (zusammen i tre maggiori uffizi) und welche auf je sechs Monate die Dieci della Guerra (die Zehn des Krieges) und auf je vier Monate die die politischen und Criminalverbrechen richtenden, doch nur mit einer Stimmenmehrheit von mindestens sechs und mit Vorbehalt der Appellation an den großen Rath beschlußfähigen Otto (die Achte) zu erwählen hatte. Die Appellation von den Otto's an den großen Rath hatte Savonarola übrigens als eine zu weit gehende Forderung nicht befürwortet, sondern nur eine Appellation an einen Rath von 80 oder 100 aus dem großen Rathe vorgeschlagen.

Es macht einen eigenthümlichen Eindruck, wenn man Savonarola alle einzelnen bei diesen politischen Verfassungsfragen in Betracht kommenden Punkte mit dem höchsten Feuer der Begeisterung in seinen Prebigten besprechen und darin so weit gehen sieht, daß er die etwaigen Feinde dieser Verfassung sogar „in Stücke zu hauen" ermahnt. Man kann das Urtheil nicht unterdrücken, derartige Dinge gehören nicht auf die Kanzel, solch ein Auftreten eines Geistlichen, ist gegen die Ermahnung des Apostels im II. Tim. 2, 3 ff. u. I. Kor. 9, 25. Wiewohl nicht zu verkennen ist, daß es aus den edelsten Absichten hervorgegangen war, wie die Verse bezeugen, die er damals mit großen Buchstaben an die Wand des Großrathssaales malen ließ:

„Wenn du dir diesen Rath des Volks, die sichre
Verfassung deiner Stadt, o Volk, bewahrest,
So wie sie dir von Gott verliehen worden,
Dann wirst du stets in Ruh und Freiheit leben.
Drum halte deines Geistes Auge offen:
Denn mit viel List sucht man dich zu umstricken;
Und wisse: wer dir anders rathen sollte,
Will die Regierung deiner Hand entwinden."

Aus dieser edeln Absicht ist sein ganzes nachmaliges Auftreten zu erklären, wobei er so wunderbare Erfolge errungen hat: er brachte eine gerechtere und gleichmäßigere Steuervertheilung zu Stande; dem unerhörten Wucher der Juden und Anderer zu steuern, wußte er ein überaus wohlthätig wirkendes Leihhaus (den Monte di Pietà) zu gründen, seine Fastenpredigten vom Jahr 1495 über Hiob brachten eine solche Wirkung hervor, daß das Aussehen der ganzen Stadt wie umgewandelt aussah, die Frauen legten ihren reichen Schmuck ab und kleideten sich züchtig und einfach, die jungen Männer ließen von ihren Ausschweifungen, die Carnevalslieder machten geistlichen Gesängen Platz, die Handwerker sah man in den Feierstunden in der Bibel und in Savonarola's Schriften lesen, Wucherer und Ungerechte erstatteten Betrogenes wieder bis zur Summe von mehreren tausend Gulden, die Kirchen waren von Andächtigen überfüllt, die Meldungen um Aufnahme in San-Marco wurden immer zahlreicher und kamen von Mitgliedern der angesehensten Familien von Florenz; seiner und seiner Anhänger rastloser Thätigkeit gelang es, zwei Versuche Piero's von Medici zur Wiedereroberung des Staates siegreich zu bekämpfen; im Carneval der Jahre 1497 und 1498 wurde statt mit lärmenden Aufzügen, Maskeraden und dergleichen mit einer großartigen „Verbrennung von Eitelkeiten" d. h. von vielen zum Theil sehr werthvollen Schmuckgegenständen, schlechten

Büchern, unsittlichen Bildern u. s. w. begangen, welche die dafür begeisterten Kinder in den Häusern gesammelt hatten; aus den Erlöse der verkauften Klostergüter von San-Marco wurde die werthvolle Bibliothek der Medici angekauft; bei dieser allseitigen Thätigkeit fand Savonarola, so angegriffen auch seine Gesundheit war, noch Muße genug, eine ganze Anzahl trefflicher Schriften für das Volk zu verfassen.

Trotz aller dieser großartigen Erfolge aber war der Boden, auf dem er stand, doch ein ganz unterhöhlter, ein Vulkan, der jeden Tag zum Ausbruch kommen und ihn mit sammt seinem Werke verschlingen konnte. Es war doch immerhin nur eine, wenn auch starke und für den Augenblick durch sein großes Ansehen die Herrschaft besitzende Partei, welche ihm anhing; sie wurden die Frateschi (Mönchischen), spottweise auch die Piagnoni (Weiner) oder Masticapaternostri (Vaterunserkäuer) genannt. Neben ihnen theilte sich die Bürgerschaft in drei verschiedene Parteien: die Bianchi (die Weißen), die gleich ihm für die Demokratie schwärmten und darum meist mit ihm stimmten, doch aber sein mönchisches Wesen und seine Sittenstrenge haßten; die Bigi (die Grauen), die noch immer sehr zahlreichen Anhänger der Medici, die sich nur nothgedrungen in das republikanische Wesen fügten, und endlich die sogenannten Arrabiati (die Wüthenden), die zwar ebenso heftige Gegner der Medici waren, wie die Frateschi und Bianchi, zugleich aber alle Demokraten mit einem glühenden Hasse verfolgten und durchaus eine aristokratische Regierungsform einführen wollten; ihr gehörten fast alle reichen und vornehmen Familien an und sie hatten am römischen Hof, in Mailand und anderwärts die einflußreichsten Verbindungen.

Die Arrabiati waren es, welche den Prior von San-Marco mit dem heftigsten Hasse verfolgten und ihr Ziel zu erreichen alle Hebel in Bewegung setzten. Sie begannen ihre Angriffe schon im Winter 1495 durch eine Klage wider seine unbefugte Einmischung in die politischen Angelegenheiten. Da sich jedoch Savonarola, damals auf dem Höhepunkte seines Einflusses stehend, siegreich dagegen zu vertheidigen wußte und sie einsahen, daß sie vorderhand in Florenz selbst nichts gegen ihn auszurichten vermöchten, so beschlossen sie ihr Glück bei dem römischen Hofe durch Intriguen, Bestechungen und Aufreizungen zu versuchen. Savonarola bot ihnen selbst noch im gleichen Jahre durch eine von ihm veröffentlichte Predigt voll Ausfälle über die schlechte Politik der italienischen Regierungen eine willkommene Handhabe. Alexander VI. hatte bisher in dem Sturm der Ereignisse, welche seiner Thronbesteigung gefolgt waren, dem florentinischen Mönche nicht allzuviel Aufmerksamkeit geschenkt, wenn er ihm auch wegen seiner Hinneigung zu den Franzosen auf jeden Fall mißliebig sein mußte. Jetzt erließ er ein Breve, welches ihm den Befehl ertheilte, in den Fasten von 1495 zu Lucca zu predigen. Da sich aber das ganze florentinische Volk über diese Maßregel entrüstet zeigte und die Dieci sich für das Bleiben Savonarolas verwendeten, so nahm er dasselbe wieder zurück.

Die Arrabiati waren zum zweitenmal zurückgeschlagen, und Savonarola schritt, wie schon bemerkt, mit noch größerem Eifer auf der von ihm betretenen Bahn vorwärts. Aber diese Maßregel hatte einen tiefen Eindruck auf ihn gemacht und zu Gedanken ihn gebracht, die in seinem Herzen bisher noch nicht aufgekommen waren: sein Glaube an die Unfehlbarkeit des Papstes und seine bisher nicht bezweifelte Meinung, daß man ihm, als dem Stellvertreter Christi, unbedingten Gehorsam leisten müsse (wenn er nämlich nur nichts geradezu Schlechtes gebiete), wurde dadurch auf's tiefste erschüttert. Was konnte er sich denn von dem Regimente des „Stellvertreters Christi" für eine Vorstellung machen, wenn sich derselbe heute von einigen rohen und wilden Menschen, vielleicht gar für Geld, das Verbannungsdecret eines eifrigen Predigers und morgen wieder dessen Zurücknahme ertrotzen ließ? Konnte es da noch Pflicht sein, ihm darin Gehorsam zu leisten? Konnte es da nicht vielmehr zur Pflicht werden, unter Umständen ihm geradezu den Gehorsam zu verweigern? Wir werden sehen, wie diese Gedanken bei ihm bald zur That wurden.

Sein Sturz war bei den Arrabiati's eine fest beschlossene Sache. Da sie ihn mit Gewalt zweimal nicht erreicht hatten, so versuchten sie ihn mit List herbeizuführen, und der Cardinal Askanio Sforza, der Bruder des mit ihnen verbündeten Ludwig Moro von Mailand, bot sich ihnen als gefügiges Werkzeug dazu dar, wie auch der früher erwähnte Schönredner Genazzano, der sich als Freund der Medici nach Rom begeben hatte. Diese verbreiteten die dreistesten Verläumdungen über Savonarola und brachten den hinterlistigen Borgia dahin, durch ein überaus freundliches Schreiben vom 25. Juli 1495 ihn nach Rom einzuladen, angeblich, „durch ihn den Willen Gottes, von dem er Weissagungen der Zukunft empfangen habe, besser kennen zu lernen"; in Wahrheit, um ihn, wenn er nicht nachgäbe, in irgend einem Kerker unschädlich zu machen. Die Tücke durchschauend, befand sich Savonarola in einer fatalen Lage, doch konnte er sich, noch ohne Verletzung des Gehorsams, durch eine Krankheit entschuldigen, und der Papst ließ ihm sagen, daß er die Entschuldigung annehme. Aber schon am 8. September erfolgte ein zweites Breve, und nicht einmal an die Mönche von San-Marco, sondern an die mit ihnen auf gespanntem Fuße lebenden von Santa-Croce gerichtet, worin er in beleidigenden und drohenden Ausdrücken als Verbreiter falscher Lehren nach Rom citirt wurde, und im November ein drittes, welches ihm das Predigen gänzlich untersagte. Was sollte er nun thun? Seine noch immer gefährdete Gesundheit und die Kriegsunruhen ließen ihm die Reise nach Rom nicht zu; er entschloß sich, eine Zeitlang zu schweigen und seine großen Pläne einstweilen durch die Abfassung neuer Schriften zu fördern und durch briefliche Aufforderungen an Karl VIII., den ihm gewogenen Cardinal San-Piero in Vincula (nachmals Papst Julius II.) und Andere, eine ernstliche Reform der Kirche zu bewirken. Indessen verwendeten sich die Dieci nochmals angelegentlichst für ihn und erzielten wiederum, wenn auch nicht eine förmliche Zurücknahme jener Breven, doch die Erlaubniß, in den Fasten 1496 wieder zu predigen.

Es erfolgte sogar noch mehr: da der Papst ihn allmählich zu fürchten hatte, so ließ er ihm durch einen eigens dazu abgesandten Dominikanermönch den Kardinalshut anbieten, unter der Bedingung, daß er den Ton seiner Predigten ändern wolle. „Kommt in meine nächste Predigt," war die hochherzige Antwort, die er in seiner Entrüstung über dies schändliche Anerbieten gegeben hat, „da werdet Ihr die Antwort hören, die ich nach Rom sende." Und hier sagte er der zahllos um ihn geschaarten Menge: „Ich will keine Hüte und Mitren, weder große noch kleine. Ich will nur, was du deinen Heiligen gegeben hast, den Tod. Einen rothen Hut, einen Hut von Blut, den wünsche ich mir." Dem römischen Hofe aber sandte er zu seiner Rechtfertigung die überall beim Volke mit großem Beifalle aufgenommene Schrift: Von der Einfachheit des christlichen Lebens, in der er sich durch eine Darlegung seines mit der Kirchenlehre übereinstimmenden Glaubens von dem Vorwurfe der Ketzerei zu reinigen suchte, aber auch zugleich der Kirche ihren verderbten Zustand mit neuer Schärfe vorhielt.

Man kann sich denken, daß diese in solcher Form und unter den erwähnten Umständen vorgetragene Rechtfertigung keine günstige Auf-

nahme bei dem Papste finden konnte; um so weniger, als er gerade
damals, mit Ludwig Moro, den Venetianern und Kaiser Maximilian I.
im Bunde, der mit Frankreich liirten florentinischen Republik, als deren
Haupt Savonarola galt, den Krieg erklärt hatte. Alexander VI. be-
schloß deßhalb, mit welchen Mitteln es auch zu geschehen hätte — und
er war darin als ein Borgia bekanntlich nicht sehr wählerisch, — den
ihm so unbequemen und nunmehr verhaßten Mönch unschädlich zu machen. Durch Schmeicheleien und bloße Drohungen war es nicht gelungen, so mußte der Weg der Gewalt beschritten werden. Am 8. September 1496 ging ein Breve von Rom an das Kloster San-Marco ab,
des Inhalts, daß „ein gewisser Fra Girolamo, ein neuerungssüchtiger
Mensch und Verbreiter falscher Lehren, dem die gewaltigen Ereignisse
der letzten Zeit den Kopf verrückt, das Volk glauben machen wolle, er
sei von Gott gesandt und habe Unterredungen mit Gott, ohne dies
weder durch Wunder, noch durch ein specielles Zeugniß der heiligen
Schrift zu beweisen, wie es die kanonischen Gesetze erheischten; man habe
bisher Nachsicht gehabt, in der Hoffnung, daß er in sich gehen werde,
nun aber verlange man seine unbedingte Unterwerfung." Zu gleicher
Zeit wurde das Kloster San-Marco seiner freien und selbständigen
Stellung, „die uns einige Mönche durch Trug und List abgedrungen
haben", beraubt und der lombardischen Congregation wieder unterworfen; dem Generalvicar Fra Sebastian de Mabiis wurde aufgegeben,
die Sache näher zu untersuchen, inzwischen aber Savonarola sofort alles
öffentliche oder private Predigen zu verbieten und die Mönche Domenico, Salvestro und Tommaso Bussino (seine intimsten Freunde) nach
Bologna auszuweisen.

Wenn Savonarola hierin nachgab, so war es um ihn geschehen;
er war deßhalb sofort entschlossen, keinen Gehorsam zu leisten. Doch
versuchte er zuerst nochmals durch ein ausführliches Schreiben, in dem
er seine Rechtgläubigkeit darzuthun bemüht war, sich zu verantworten;
und wider Erwarten hatte dasselbe den Erfolg, daß ihm der Papst unter dem 16. October 1496 in anscheinend ganz freundlicher Weise antwortete und ihm nur die Auflage machte, bis er sich in Rom würde
verantworten können, alles öffentlichen und privaten Lehrens sich zu
enthalten. Indessen aber war die Republik theils durch Unglück im
Krieg, theils durch Theurung und Pest in eine wahrhaft verzweiflungs-
volle Lage gerathen. Auf allen Gesichtern malte sich der Schrecken über

die Gegenwart, das Entsetzen vor der Zukunft; denn Jeder glaubte, das Ende des demokratischen Regiments sei herbeigekommen, die Arrabiati würden triumphiren und auf die Hungersnoth und den Krieg würden die Verbannungen und die Todesurtheile folgen. Die Signoria wußte keine andere Hülfe mehr, als die schon oft erprobte des Priors von San-Marco, und im Hinblick auf das große Elend des Volkes wußte er deren Bitten nicht zu widerstehen, trotz des päpstlichen Verbotes seine tröstende und aufmunternde Stimme wieder erschallen zu lassen. Dieß geschah am 28. October, zwei Tage nachher wurde das in Unglücksfällen zu Hülfe genommene wunderthätige Bild der Madonna dell' Impruneta in feierlicher Prozession durch die Stadt getragen, und während dieß geschah, gelang es den längst von Marseille erwarteten Proviantschiffen, die venetianische Blokade zu durchbrechen, und der Besatzung von Livorno, das kaiserliche Belagerungsheer in die Flucht zu schlagen. „Die Predigten des Frate, hieß es darauf, haben uns auch diesmal gerettet." Sein Ansehen war befestigter, als es jemals gewesen war.

Nur nicht in Rom. Sobald Alexander VI. hörte, daß Livorno entsetzt war und Savonarola wieder gepredigt hatte, erließ er am 7. November 1496 ein neues, die rechtliche Stellung San-Marco's zum drittenmal abänderndes Breve, in welchem dasselbe der lombardischen Congregation wieder entzogen und eine neue toskanische unter einem besonderen päpstlichen Generalvikar stehende gegründet wurde. Savonarola sollte dadurch vollständig in die Willkür des päpstlichen Hofes gestellt werden. Jetzt aber war es mit seinem Gehorsam vollends zu Ende; so willkürlichen Gewaltsmaßregeln vermochte er sammt seinen 250 Mönchen und dem ihm anhangenden florentinischen Volke nur eine offene Widersetzlichkeit entgegenzustellen „Bei dem päpstlichen Breve," rief er in einer Predigt, „kommt es mir vor, wie beim Schachspiel, wenn der König in die Enge getrieben ist und aus einem Schach zieht, um gleich wieder auf dasselbe Feld zurückzukehren. In einem andern Breve hatte er gewollt, daß wir uns der lombardischen Congregation anschlössen, von der er uns früher losgetrennt, und nun sollen wir in die toskanische eintreten; und so bald hier, bald dort. So liegt die Hinterlist der Bösen offen zu Tage." Schon nicht mehr an den Papst, sondern einfach an das urtheilsfähige Publikum sich wendend, rechtfertigte er seinen Ungehorsam in einer äußerst frei und kühn gehaltenen „Apologie der Congregation von San Marco", worin er den päpstlichen Beschluß geradezu als unmöglich, unvernünftig und schädlich bezeichnete und unter Anderem sagte: „Wir dürfen uns durch keine Drohungen und Excommunicationen einschüchtern lassen, sondern müssen uns lieber dem Tode aussetzen, als einer Maßregel unterwerfen, welche Gift und Verderben für unsere Seelen sein würde. Wenn sich das Gewissen gegen einen von den Oberen ergangenen Befehl auflehnt, so muß man zunächst widerstehen und in aller Demuth zu bewirken suchen, daß es verbessert werde, und das haben wir schon gethan; wenn dies aber nicht genügt, so muß man handeln wie St. Paulus, qui coram omnibus restitit in faciem Petri."

Halten wir nun, an diesem Stadium der Geschichte Savonarola's angelangt, einige Augenblicke an! Wer sähe nicht ein, daß er, wenn auch noch nicht mit seinen scharfen Bußpredigten gegen die Sittenlosigkeit des Klerus und die Verderbniß der gesammten Kirche, so doch durch seinen daraus hervorgegangenen Ungehorsam gegen den päpstlichen Stuhl weit über die Gränzen des nach dem katholischen Dogma Erlaubten hinausgegangen ist? Wahrlich, das ist nicht die Sprache eines nur vorübergehend irrenden, im Uebrigen aber treuen Sohnes seiner Kirche, wie Herr De Carb meint; das ist vielmehr die Sprache und Handlungsweise, wie sie 25 Jahre später, freilich mit größerem Gewichte und mächtigerem Erfolge, von dem Augustinermönch in Wittemberg ausgegangen ist. War das bloß noch passiver Widerstand, wie er denn auch nach Bellarmin (de pont. rom. II., 29) dem die Kirche zerstörenden Papste gegenüber für erlaubt erklärt wird? War das nicht eine höchst active Widersetzlichkeit, die von jeher durch die schärfsten Decrete (z. B. Dict. Gregorii VII, nr. 18–22: quod sententia papae a nullo debeat retractari, et ipse omnium solus retrectare possit; — quod a nemine ipse judicari debeat; — quod nullus debeat condemnare apostolicam sedem appellantem etc.) als ketzerisch und verderblich verdammt, und auch thatsächlich, wo und so lange es möglich war, mit Feuer und Schwert verfolgt worden ist? Gleichviel, ob derjenige, der sie verübt, die übrigen Dogmen der Kirche beibehalten oder verworfen hat? Es ist leere Sophisterei, dies bestreiten zu wollen. Indem Savonarola nicht nur einer bestimmten Maßregel des Papstes via facti und durch Appellation an die gesammte Christenheit sich widersetzt, sondern auch den allgemeinen Grundsatz aufgestellt hat, daß dies in allen ähnlichen Fällen um des Gewissens willen erlaubt und Pflicht sei, hat er sich unter die Reihe der reformatorisch und protestantisch gesinnten Männer der vorreformatorischen Zeit gestellt. Dafür zeugt auch sein weiterer Lebensgang bis zum Ende seines Lebens.

In der Fastenzeit von 1497 wurden seine Angriffe gegen den römischen Hof und den verdorbenen Klerus im Allgemeinen viel schärfer, als jemals zuvor der Fall gewesen war. Er scheute sich nicht, die Kirche in seinen Predigten geradezu eine verruchte, ein schamloses Ungeheuer, ein Lasterhaus zu nennen und mit allem Ungestüm eine Reformation derselben zu verlangen. „O ihr Priester und Mönche," ruft er da wohl, „ihr habt durch euer schlechtes Beispiel das Volk in das Grab der Ceremonien versenkt! Tritt her, du verruchte Kirche! Höre, was der Herr zu dir spricht: ich habe dir die schönen Gewänder gegeben, und du hast Abgötterei mit ihnen getrieben. Mit den Prachtgefäßen hast du den Stolz genährt. Die Sakramente hast du durch Simonie entweiht. Die Wollust hat aus dir eine schamlose Hure gemacht. Du bist schlimmer als ein Vieh, du bist ein abscheuliches Ungeheuer. Früher schämtest du dich wenigstens deiner Sünden, aber jetzt thust du auch das nicht mehr. Früher nannten die Priester ihre Söhne Neffen, jetzt nicht mehr Neffen, sondern Söhne, schlechtweg Söhne. Ein Haus der Unzucht hast du aufgeschlagen, zum Haus der Schande hast du allerorten dich gemacht. — Aber ich sage euch, dies Grab muß aufgebrochen werden; Christus will seine Kirche wieder auferstehen machen im Geist. Oder glaubt ihr etwa, daß wir allein hier so denken? O Jesus Christus hat deren viele, und es gibt ihrer eine Menge in Deutschland, in Frankreich, in Spanien, die sich jetzt verborgen halten und über die Leiden der Kirche weinen. In allen Städten und Burgen, in allen Dörfern und Flecken gibt es Christen, in denen dieses Feuer brennt. Sie lassen mir leise etwas zuflüstern (— es waren ihm längst von allen Seiten aufmunternde Zuschriften zugekommen —), und ich antworte ihnen: Haltet euch verborgen, bis man zu euch sagen wird: Lazare, veni foras! Ich stehe hier, weil mich Gott hierher gestellt hat, und warte, daß er mich rufe. Dann aber werde ich eine laute Stimme erschallen lassen, die man in der ganzen Christenheit hören soll, und die den Körper der Kirche erbeben machen wird, wie die Stimme Gottes den Körper des Lazarus erbeben machte."

Diese Kühnheit der Sprache erbitterte die Arrabiati aufs höchste, so daß sie am Himmelfahrtsfeste 1497 mit Zustimmung der ihnen ergebenen Otto's, wahrscheinlich auch des Papstes, Savonarola im Dome während der Predigt zu ermorden versuchten. Alexander VI. aber sprach am 12. Mai die förmliche Excommunication über ihn aus, die auch bald in ganz Florenz öffentlich bekannt gemacht wurde; als Grund derselben war angegeben, daß er verderbliche Lehren verbreitet, den apostolischen Ermahnungen und Befehlen nicht gehorcht habe und der Ketzerei verdächtig sei.

Wir meinen, wenn Savonarola als guter „Katholik" hätte leben und sterben wollen, so hätte er jetzt wenigstens nachgeben und auf alle Gefahr hin sich dem päpstlichen Stuhle stellen müssen; um so mehr, als der ganze Klerus von Florenz am 22. Juni zur feierlichen Verkündigung der Excommunication in der Kathedrale zusammentrat und auch die damals aus lauter Arrabiati's bestehende Signoria sich gegen ihn wendete. Statt dessen sehen wir ihn in zwei offenen Briefen die Excommunication als eine ungerechte und ungültige bezeichnen und ohne Furcht wie mit Füßen treten. Auch übersandte er, statt sich in Demuth zu unterwerfen, dem Papste, in dessen Familie damals wieder eine unerhörte Bluttat vorgekommen war, einen ernsten Bußbrief. Seine geistliche Thätigkeit setzte er im Stillen unausgesetzt fort, ohne doch als Excommunicirter die Sakramente auszutheilen; die Pest brach in jenem Sommer zu Florenz aus und erforderte seine Hülfe in besonderem Maße. Dabei wurden Adressen für und wider ihn nach Rom gesandt; die Regierungsbehörden verwendeten sich angelegentlichst für die Aufhebung seiner Excommunication, um so mehr, als ihnen die Entdeckung einer mediciäischen Verschwörung zu jener Zeit den einflußreichen Mönch unentbehrlicher machte, als je zuvor.

Da aber bei Alexander VI. alles Bitten und Fordern vergeblich war und die Unordnungen in Florenz von Tag zu Tag zunahmen, da sie seit Monaten nicht mehr durch die Bußpredigten Savonarola's im Zaum gehalten wurden, so entschloß sich letzterer endlich trotz der Protestation des Erzbischofes von Florenz, aber mit voller Zustimmung der Signoria, am Weihnachtstag 1497 seine öffentliche Predigtthätigkeit nebst Feier der Messe wieder aufzugreifen. Die Excommunication, die Autorität des Papstes, die Freiheit des Gewissens und das Recht, sich ungerechten Befehlen zu widersetzen, bildeten das Hauptthema dieser und der Fastenpredigten von 1498. Sie waren noch reicher, als die früheren Predigten, an scharfen Angriffen auf den Papst und die Verderbniß der Klerisei, so daß die Nachricht davon in Rom eine wahre Erbitterung erregte. Es fehlte wenig, so hätte der Papst damals Florenz mit dem Interdict belegt; aus Furcht, daß ein Schisma daraus entstehen könnte, begnügte er sich damit, der Signoria in den drohendsten Ausdrücken den Befehl zu ertheilen, Savonarola alles Predigen gänzlich zu untersagen. Da sie es that und trotz starken Widerspruchs die Zustimmung einer Bürgerversammlung vom 17. März 1498 zu ihrem Beschlusse erhielt, so erklärte Savonarola Tags darauf in einer sehr ergreifenden Abschiedspredigt vor allem Volke seinen feierlichen Entschluß, diesem Befehle Gehorsam zu leisten.

Man achte darauf, nicht dem Papste, nicht der Kirche, sondern nur der Stimme seines durch ihn sich bedroht erachtenden Vaterlandes hat er nachgegeben. Wir meinen, diese einzige Thatsache charakterisirt ihn und seine Stellung als „eines ungehorsamen Sohnes seiner Kirche" so scharf, daß wir darüber kein Wort weiter zu verlieren haben.

Sein ferneres Verhalten rechtfertigt diese Behauptung ebenfalls; ja, es läßt ihn in noch viel höherem Grade im Lichte eines eigentlichen und wahren Reformators vor der Reformation erscheinen.

Da er denn nun zur Unthätigkeit verurtheilt war, so kam bei ihm der schon längst im Stillen gehegte Plan zur Reife, das ganze Ansehen, das er sich allmählich weit über die Gränzen seines Vaterlandes hinaus errungen hatte, aufzubieten und die Fürsten und Völker der ganzen Christenheit zur Berufung eines Concils zur Reformation der Kirche aufzufordern.

Er hat in jenen Tagen seine berühmten Briefe an die Könige von Frankreich, Spanien, England und Ungarn und an den Kaiser von Deutschland geschrieben. Er zeigte ihnen darin: „die Kirche ist voller Schmach und Frevel vom Scheitel bis zu den Füßen. Ihr aber legt nicht nur nicht Hand an, um ihr zu helfen, sondern ihr neigt euch sogar vor der Quelle aller dieser Uebel. Deßhalb ist der Herr erzürnt und hat die Kirche lange ohne Hirten gelassen. Ich versichere euch in verbo Domini, daß dieser Alexander kein Papst ist, noch dafür gelten darf. Denn abgesehen davon, daß er durch die schändliche Sünde der Simonie den päpstlichen Stuhl erkauft hat und noch täglich die geistlichen Pfründen an einen jeden vergibt, der ihm am meisten dafür zahlt, abgesehen von seinen anderen Lastern, die die ganze Welt kennt, behaupte ich auch, daß er kein Christ ist und nicht an das Dasein Gottes glaubt, was das Maß alles Unglaubens überschreitet." — Die große der Christenheit drohende Gefahr, ruft er ihnen zu, könne nur durch ein baldiges Concil an einem geeigneten und freien Orte abgewendet werden, sonst würden die Strafgerichte über sie hereinbrechen, die der Herr ihm in besonderen Offenbarungen kundgethan habe.

Doch eben diese Briefe sollten den Grund zu seinem Verderben legen. Noch waren die übrigen nicht abgeschickt, als derjenige an den König von Frankreich durch eine Beraubung des florentinischen Kuriers dem Papste in die Hände fiel. Dieser zögerte natürlich nicht, dieß Dokument den übrigen Fürsten Italiens mitzutheilen, und nun mußte es bei dem heftigen Hasse, den sie so lange schon gegen den das schöne und mächtige Florenz von ihnen abwendig machenden Mönch hegten, bei ihrem vereinten Zusammenwirken um so schneller um ihn geschehen sein, als er in Florenz selbst an den Arrabiati's und Bigi's immer zahlreicher werdende und immer kühner auftretende Feinde hatte; die Mönchs- und Weltgeistlichkeit hatte sich, den Befehlen des Papstes gehorsam, auch von ihm entfernt.

Seine letzten Schicksale sind bekannt. Jedermann weiß (was Villari übrigens in höchst lebendiger und spannender Weise zu schildern versteht), daß er zuerst durch die Annahme einer seinem Schüler und Freunde Fra Domenica von einem schlauen Franziskaner (Franzesco) anerbotenen und nachher doch zu nichte gewordenen „Feuerprobe" sein Ansehen unter dem Volke aufs tiefste erschüttert hat und hernach durch eine freche Erstürmung seines Klosters durch die Arrabiati gefangen genommen und nach schauderhafter Folterung am 23. Mai 1498 erhängt und verbrannt worden ist. Die Folter hat ihm und seinen mit ihm verurtheilten und hingerichteten Freunden Fra Domenico und Fra Silvestro allerlei Aussagen und Bekenntnisse erpreßt, die sie, mit einer notorischen Fälschung der Verhörsprotokolle verbunden, in verschiedener Hinsicht zu compromittiren geeignet waren. Darauf darf aber natürlich kein Gewicht gelegt werden. Im Bewußtsein ihrer Unschuld und der guten Sache, die sie vertraten, haben alle drei ihren Märtyrertod mit einem stets bewunderungswürdig bleibenden Heldenmuthe erduldet, wobei sie allerdings die auf päpstlichen Befehl ihnen angebotene Absolution nicht verweigert haben. Eine Sache, auf die im Hinblick auf ihren und der ganzen Kirche damaligen Zustand auch kein Gewicht zu legen ist.

Wichtiger sind die drei letzten Worte, die uns von Savonarola aufbewahrt sind: als ihm der Bischof von Vasona bei der üblichen Degradation die Worte zurief: Separo te ab Ecclesia militante atque triumphante, verbesserte er ihn und sprach mit Ruhe und Festigkeit: Militante non triumphante, hoc enim tuum non est. Auf dem Wege zum Schaffot wollte ihn ein Unbekannter trösten, er antwortete freundlich: „In der letzten Stunde kann nur Gott den Menschen trösten," und dem Priester Nerotto, der ihn frug, ob er willig den Märtyrertod erdulde, erwiederte er: „Der Herr hat so viel für mich gelitten." Das war sein letztes, wahrlich echt evangelisches Wort. —

II.

Gehen wir nun vom Leben und Wirken Savonarola's zu seiner Lehre über, so wollen wir im voraus bemerken, daß wir in dieser Beziehung seine Rechtgläubigkeit im katholischen Sinn des Wortes im Allgemeinen nicht zu bestreiten unternehmen wollen. Er hat dieselbe in seinen Predigten und zahlreichen Schriften, besonders in seinem Hauptwerke: dem Triumph des Kreuzes (Trionfo della Croce), so klar als nur möglich dargelegt. Wie Johannes der Täufer, der Nasir des Herrn, bei aller hohen Erleuchtung, die ihm zu Theil geworden, doch aus dem alttestamentlich jüdischen Ideenkreise, in dem er von Jugend auf gelebt hatte, aus Mangel an gründlicher Kenntniß des sich anbahnenden Neuen, nicht herausgekommen ist, so ist auch Savonarola zeitlebens bei dem katholischen Glauben verblieben, den er als Jüngling schon, ohne von ernstlichen Zweifeln beunruhigt oder, wie höchst wahrscheinlich, mit den abweichenden Lehren eines Wycliffe, Hus u. A. bekannt geworden zu sein, aus den ja auch von protestantischer Seite als Meisterwerke der Theologie anerkannten Schriften des Thomas von Aquino eingesogen hatte. Herr De Carb kann uns für alle die wichtigsten Lehrsätze der römischen Kirche seine Uebereinstimmung damit beweisende Stellen aus seinen Schriften anführen (Herr Villari thut es in seinem sonst so unbefangenen und vorurtheilsfreien Werke mit einer gewissen, den Katholiken verrathenden Absichtlichkeit oftmals ebenso). Wie aber der Bußprediger am Jordan, obwohl noch Jude, dennoch als ein schon von der Morgenröthe des christlichen Geistes erleuchteter Mann dasteht, so fühlt man auch bei dem Bußprediger am Arno, dem Katholiken, schon das frische Wehen einer reformatorischen oder protestantischen Morgenluft.

Ein Beweis davon ist zunächst sein eifriges Schriftstudium und die überaus angelegentliche Empfehlung desselben vor seinen Mönchen, wie vor allem Volke, und selbst in der Ursprache des Griechischen und Hebräischen. Savonarola war ein Mann, bei dem das Bibelwort, die großen biblischen Wahrheiten bei all seiner einseitigen Vorliebe für den alttestamentlich gesetzlichen Theil derselben und der eben darin begründeten Befangenheit in den katholisch gesetzlichen Anschauungen und Religionsformen, so zu sagen, ganz in Fleisch und Blut übergangen waren. Seine ganze Sprachweise ist eine biblische, prophetische; seine Reden, Predigten und Schriften sind überall von Bibelstellen und biblischen Erinnerungen durchdrungen; die Bibel ist für ihn die Autorität, auf die er sich in letzter Instanz für alle seine Lehren und Behauptungen, selbst für seine Visionen und Prophezeihungen zu berufen pflegte. Villari sagt davon (I., 90): „Die Bibel war sein treuester Gefährte in seiner Jugend, seine Trösterin im Leiden und seine geistige Erzieherin gewesen. Da war kein Vers, den er nicht auswendig gewußt, keine Seite, die er nicht ausgelegt, oder aus der er nicht irgend einen Gedanken zu seinen Predigten geschöpft hätte. Durch sein unausgesetztes Studium und Nachdenken hatte sie aufgehört, ein bloßes Buch für ihn zu sein; sie war ihm eine lebendige, redende Welt geworden, eine unendliche Welt, in der er die Offenbarung der Vergangenheit und der Zukunft fand. So oft er das heilige Buch aufschlug, überkam ihn ein Schauer des Entzückens, daß er das geoffenbarte Wort Gottes lese. Er sah darin gleichsam den Mikrokosmos des gesammten Weltalls und eine Allegorie der ganzen Geschichte des Menschengeschlechts; es war ein Studium, welches seine Nahrung aus sich selbst zog." In welchem Contraste steht seine Stellung in dieser Hinsicht zu der Verachtung, ja, Verwerfung und Verfolgung, welche die Bibel von der damaligen Kirche ganz im Allgemeinen, sei's den Schriften der Philosophen von dieser, sei's den kirchlich traditionellen Lehren und Satzungen gegenüber von jener Seite zu erfahren hatte! Wie ist sein Standpunkt hierin demjenigen der Reformatoren des 16. Jahrhunderts verwandt, welche in der heiligen Schrift die alleinige Regel und Richtschnur des Glaubens und Lebens der Christenheit gefunden haben!

Dasselbe haben wir von seiner Lehre von der Erlangung des Heils in Christo zu sagen. Sehr stark wird von den katholischen Beurtheilern Savonarola's hervorgehoben, daß er bezüglich der Rechtfertigung des

Sünders vor Gott so gar anders, als Luther und die übrigen Reformatoren gelehrt und stets die Nothwendigkeit der guten Werke und auch der gerade in der katholischen Kirche angeordneten zur Seligkeit besonders betont habe. Man kann dieß in gewisser Beziehung zugeben, Savonarola betont in seinen Predigten und Schriften überall das ethische Moment; und wenn die protestantische Lehre wirklich dahin ginge, daß „der Gläubige nur ein passives Werkzeug in der Hand des Herrn sei" (Villari I., 126), so wäre seine Lehre durch eine unübersteigliche Kluft von dieser getrennt. Aber erstens ist das gar nicht die recht verstandene protestantische Lehre; sie besagt nur, daß der Mensch durch sich selbst und aus eigener Kraft nichts Gutes sein und thun kann, sondern daß er dazu einzig und allein durch die im Glauben zu ergreifende Gnade Gottes befähigt wird, daß diese allein das Wollen und Vollbringen des Guten, den Anfang und Fortgang des göttlichen Lebens in ihm wirkt; sie unterdrückt und unterwirft damit auch nicht die menschliche Freiheit, sie stellt sie nur in das der Creatur dem Schöpfer gegenüber zukommende absolute Abhängigkeitsverhältniß; sie sagt, und gewiß in voller Uebereinstimmung mit der Schriftlehre, nur was der Mensch in Gott, in der Gemeinschaft mit ihm, in seiner zuvorkommenden, erleuchtenden, rechtfertigenden, heiligenden und vollendenden Gnade lebt und thut, ist wahrhaft gut, gerecht und heilig vor ihm. Sodann zeigt denn doch jeder Blick in Savonarola's Schriften, daß sich seine Lehre mit der soeben angegebenen auf's innigste berührt, und daß er von dem äußerlichen Werkdienste, wie er in der Zeit des Mittelalters betrieben wurde, so fern als nur möglich war. Die Erneuerung des Herzens, die Hingabe der Seele an Gott, der lebendige Glaube an ihn, die Liebe zu ihm, seine Anbetung im Geist und in der Wahrheit ist ihm jederzeit die Hauptsache, auf die er in seinen gewaltigen Bußermahnungen bringt. (Seine Sprache ist in dieser Beziehung nahe mit derjenigen Hussens und dessen Dringen auf die fides charitate formata verwandt.) Man vergleiche nur einmal folgende Sätze von ihm: „Der Glaube ist ein Geschenk Gottes, das er zum Heil der Gläubigen verleiht." „Die Sachen des Glaubens, mein Sohn, mußt du mit dem Lichte des Glaubens zu verstehen suchen, nach Anleitung der heiligen Schrift." „An den Auserwählten beweist Gott seine Barmherzigkeit, an den Zurückgewiesenen seine Gerechtigkeit. Wenn du aber fragst: warum hat Gott diesen prädestinirt und nicht jenen? Warum ist Johannes mehr prädestinirt, als Petrus? — so antworte ich dir: weil Gott es so will. Eine andere Antwort gibt es nicht. Origenes wollte diese Gränze überschreiten und sagte, die Prädestination hinge von dem Verdienst in einem andern Leben ab, welches dem gegenwärtigen vorausginge. Die Pelagianer lehrten, sie hinge von unseren Werken hienieden ab. Diesen Ketzern zufolge käme der Anfang des guten Wandels aus uns und nur die Durchführung und Vollendung von Gott. Sie wollten die vorgezeichnete Gränze überschreiten und verfielen in Ketzerei. Die Schrift ist aber völlig klar: nicht an einer Stelle, sondern an vielen sagt sie, daß nicht nur das Ende des guten Wandels von Gott komme, sondern auch der Anfang, ja, daß alle unsere guten Thaten Gottes Werk sind." „Sage mir, Magdalena, die du schlechthin die Sünderin heißest, warum bist du im Paradiese? Du hörtest vielmal deinen Meister Jesus Christus predigen und doch bliebst du ungerührt; und wie sehr auch deine Schwester (?) Martha dich bessern wollte und dich ermahnte, ein anderes Leben zu beginnen, folgtest du nicht. Aber als es dem Herrn gefiel und er dir das Herz bewegte, da liefst du wie trunken mit dem Alabasterfläschchen zum Hause des Pharisäers, badetest seine Füße mit deinen Thränen und durftest das wonnevolle Wort vernehmen: Dimittuntur tibi peccata multa. Und danach hatte der Herr ein solches Wohlgefallen an dir, daß dir die Gnade zu Theil ward, zuerst vor Allen ihn auferstanden zu sehen, und wurdest der Apostel für die Apostel. Diese Gnade, Maria, diese Geschenke entsprangen nicht deinem Verdienste, sondern daraus, daß Gott dich liebte und zum Guten wandte." — „Willst du, mein Bruder, die Liebe Christi empfangen? So mache, daß du der Stimme folgst, die dich ruft. Der Herr ruft dich alle Tage, nun thue aber auch du etwas." — „Wie der Glaube, so ist die Liebe ebenfalls ein Geschenk Gottes; aber sie gleicht einem Feuer, das sich allem Trockenen mittheilt, und wer sich für sie bereit macht, wird sie alsbald in sein Herz strömen und dasselbe entflammen fühlen." „Und es ist wahrlich etwas Großes um eine mächtige Liebe. Sie thut Alles, bewegt Alles, überwindet und besiegt Alles; sie erfüllt leicht und sanft das ganze göttliche Gesetz. . . . Aber heute predigen die Prediger nur eitle Spitzfindigkeiten." — „Gott ist seinem Wesen nach frei und der gerechte Mensch ist frei nach seinem Bilde. Die wahre, die einzige Freiheit beruht auf dem Streben nach dem Guten." —

Können wir uns solche Aeußerungen, die sich leicht vermehren ließen, aus dem Munde eines im bekannten katholischen Werkdienste befangenen Mannes denken? Oder wenn er der Stadt Florenz so oft zuruft, daß nur Christus, der unsichtbare, sein König sei, und daß es nur von ihm allein sein Heil erwarten solle? Vollends, wenn er diejenigen Thoren nennt, „welche sich den Hals mit Scheinen und Ablaßzetteln vollhängen, daß sie aussehen wie Krämer, die zum Jahrmarkt ziehen?"

Die Hauptursache jedoch, warum Savonarola unter die Vorläufer der Reformation gehört und auf dem Wormser Monument zu Luther's Füßen seinen Platz erhalten mußte, bildet immerhin die merkwürdige Bestimmtheit und Sicherheit, mit der er durch sein ganzes Leben hindurch die kaum ein halbes Jahrhundert später wirklich eintretende Reformation der Kirche vorausgesagt hat, jene drei berühmten und ihre Wirkung in der Christenheit nicht verfehlenden Sätze:

> Die Kirche wird gezüchtigt werden
> Und dann erneuert;
> Und das wird bald sein.

Mag man diese Sätze bloß als die Frucht eines eifrigen Schriftstudiums und einer durchdringend scharfen Beurtheilung der Zeichen seiner Zeit, oder als eine Folge außerordentlicher göttlicher Offenbarung ansehen, — gleichviel, in Verbindung mit seinem von uns geschilderten kühnen Auftreten gegen das Papstthum und den verdorbenen Klerus seiner Zeit geben sie ihm eine würdige Stellung in der Reihe derjenigen Männer, welche die Corruption der römischen Kirche bald in dieser, bald in jener Richtung aufdeckend, ihre Reformation voraus verlangt, vorhergesehen und vorbereitet haben; auch wegen seiner Polemik gegen die damals herrschende Zeitphilosophie, die Scholastik. „Wycliffe," sagt Ullmann (Vorreff. 1., 79), hatte das Bettelmönchthum, die Ueberschreitungen der Hierarchie, die Entstellungen in der Lehre vom Sakramente bestritten; Hus hatte der verderbten Hierarchie und Geistlichkeit in der Idee der wahren Kirche, des wahren Bisthums und Priesterthums einen beschämenden Spiegel vorgehalten; Johann von Wesel erhob sich auch vornehmlich gegen die Verderbnisse des Klerus und zugleich gegen die Mißbräuche des Ablasses; Johann von Goch's contemplativer Geist wandte sich gegen die unevangelische Gesetzlichkeit der mittelalterlichen Kirche; ein Erasmus ergoß die Lauge seines Witzes über alle Dummheit und

Thorheit, über jeden Aberglauben und Mißbrauch der Zeit; Savonarola griff in prophetischer Feuerrede die sittliche Versunkenheit aller Stände unter dem Volk und den Großen, in Staat und Kirche an."

Ist er in der Ausrichtung dieses seines besonderen Lebensberufes, und zwar hauptsächlich auf Anstiften und zuletzt auf ausdrücklichen Befehl des päpstlichen Hofes zum Märtyrer geworden, so wird doch wohl Luthers Urtheil über ihn, wenigstens im Allgemeinen, nicht fehlgegriffen sein, wenn er in der Vorrede zu Savonarola's Auslegung des 51. Psalms sagt: „Obwohl an den Füßen dieses heiligen Mannes noch etwas von dem Koth menschlicher Theologie haftet, so hat er doch es ausgesprochen und behauptet, wie aller Ruhm der Werke so gar nichts vor Gott, und wie nöthig der alleinige und gründliche Glaube im Gericht und Tode sei, ohne alle Werke, darauf man sich verlassen könne. Er erlitt den Tod, weil er Rom, den Abgrund alles Verderbens, reinigen wollte. Aber siehe, er lebet und sein Gedächtniß ist im Segen. Christus kanonisirt ihn durch uns, sollten gleich die Päpste und Papisten miteinander darüber zerbersten." Ein noch treffenderes Urtheil über ihn, möchten wir sagen, ist bei seiner Gefangennehmung dem Munde des Kaiphas seiner Zeit entfahren; als Alexander VI. die ihm so freudige Nachricht davon erhielt, rief er: „Sterben muß er und wenn er ein Johannes der Täufer wäre!" Ja, er war der Johannes der Reformation, und darum gehört seine so meisterhaft gelungene Statue mit Fug und Recht in den großen Kreis der zu dem Luthermonumente in Worms aufgenommenen reformatorischen Persönlichkeiten.

In gleichem Verlage ist erschienen:

Schellenberg, Oskar, eine protestantische Stimme wider eine römische Einladung. Predigt über Joh. 10. 16. Preis 6 kr.

Eine protestantische Antwort auf die „Gedanken eines Protestanten"· über die Wiedervereinigung der römisch-katholischen Kirche von Herrn Reinhold Baumstark, Großh. Kreisgerichtsrath in Constanz ꝛc. von den evangelischen Geistlichen in Constanz. Zweite Auflage. Preis 12 kr.

www.ingramcontent.com/pod-product-compliance
Lightning Source LLC
Chambersburg PA
CBHW020244090426
42735CB00010B/1827